N1에서 N5까지 총정리 JLPT 문법사전

N1에서 N5까지 총정리 JLPT 문법사전

초판 1쇄 발행　2021년 12월 22일

초판 4쇄 발행　2024년　7월 15일

저　　　자　나무

펴 낸 이　최수진

펴 낸 곳　세나북스

출 판 등 록　2015년 2월 10일 제300-2015-10호

주　　　소　서울시 종로구 통일로 18길 9

홈 페 이 지　http://blog.naver.com/banny74

이 메 일　banny74@naver.com

전 화 번 호　02-737-6290

팩　　　스　02-6442-5438

I S B N　979-11-87316-92-3 13730

· N1에서 N5까지 총정리 ·

JLPT
문법사전

나무 지음

세나북스

일본어 공부를 시작해 기초 문법을 마치고 나면 많은 사람들이 JLPT 시험공부를 합니다. 자격시험은 자신의 실력을 확인하면서 공부를 계속할 수 있는 좋은 동기가 되기 때문이지요.

시험에서 가장 낮은 단계인 N5부터 N3까지는 기초 문법의 복습과 일상생활에서 자주 사용하는 필수 문형이 담겨 있습니다. N2부터 N1에는 중상급 회화에 필요한 표현과 신문, 서적 등에서 자주 사용하는 문어체 표현들이 많이 포함되어 있지요.

언어 공부는 단계적으로 차근차근 공부하는 것이 효율적입니다. 하지만 초급 단계를 공부하며 그에 맞는 쉬운 어휘의 드라마를 찾아본다고 해도 그 안에서 결코 N4~N5 단계 문법만 나오지는 않습니다.

혹시 초·중급 단계에서 일본인 친구가 생긴다면 어떨까요? 친구가 나의 일본어 수준을 배려해서 최대한 쉽게 이야기해 준다고 해도 가끔은 어쩔 수 없이 N1~N2 수준의 어려운 표현이 나오게 됩니다. 아무리 쉽게 이야기하려고 해도 초급 문법만으로 모든 대화를 하기는 어렵기 때문이지요.

꾸준하게 노력해서 N1~N2 수준의 공부를 하다가도 간혹 N3~N5 문법 설명을 다시 찾아보게 되는 경우도 있습니다. 사람의 기억력에는 한계가 있어 아무리 꼼꼼하게 공부했어도 그와 비슷한 의미의 중상급 표현이 나오면 이전에 공부했던 내용을 다시 찾아 확인하게 됩니다.

이럴 때 지금까지 공부했던 책들을 모두 꺼내 찾아보는 것은 굉장히 번거롭습니다. 인터넷에서 검색하면 수많은 자료가 나오지만 어떤 것이 맞는 내용인지 알 수 없을 때도 많습니다.

『N1에서 N5까지 총정리 JLPT 문법사전』은 이럴 때 손쉽게 필요한 문법을 찾아볼 수 있는 책이 있으면 좋겠다는 학습자의 마음에서 기획한 책입니다. 꾸준히 인기를 얻고 있는 세나북스의 『손으로 쓰면서 외우는 일본어문법 30일 완성』의 일부 내용과 『손으로 쓰면서 외우는 JLPT』시리즈 N1~N5의 핵심 내용에 설명, 예문을 보강해 정리하고 히라가나 순서에 맞춰 정리한 색인을 넣어 마치 사전처럼 알고 싶은 문법을 바로 찾아볼 수 있도록 구성했습니다.

자격시험을 공부할 때는 N1을 따면 모든 공부가 끝날 것 같지만 실제로 일본인과 대화하거나 일본에서 생활하다 보면 JLPT에 나오는 문법, 표현들은 말 그대로 '필수' 내용일 뿐 계속해서 공부가 필요하다는 사실을 실감하게 됩니다.
꾸준히 공부해 나가는 과정에서 기존에 공부했던 내용을 언제든지 찾아보고 확인하면서 기초를 탄탄히 하는데 이 책이 조금이나마 도움이 되길 바랍니다.

저자 나무

Chapter 1. 명사 · 형용사 · 동사 활용 규칙

Chapter 2. N4+N5 필수 문법

Chapter 3. N3 필수 문법

JLPT 시험을 준비한다면 예문을 손으로 쓰면서 공부하세요

'JLPT 문법사전'은 N5~N1 문법을 이해하기 쉽도록 '비슷한 표현', '여러 가지 의미가 있는 단어' 등으로 분류해 간단한 설명과 예문으로 소개한 책입니다. JLPT 시험 준비에 활용할 때는 예문을 소리 내어 읽으면서 노트에 손으로 써보고, 예문 하나를 통째로 외우는 방식으로 공부하면 기억이 더 오래 유지됩니다.

N4+N5 | 01. 동사 활용법 복습 & 응용 표현

01. ~ましょう ~합시다, ~하죠

의미 자신이 주도하여 무언가를 하자고 제안, 권유할 때 사용

접속 Vます형 + ましょう

今日の

오늘 점심

みんな

모두들 내

02. ~ま

의미 부정

N4+N5 | 02. 비슷한 표현들 비교하면서 이해하기

37. ~ようだ ~인 듯하다, ~와 같다

의미 ① 추측 '~인 것 같다' ② 비유 '~와 같다(비슷하다)' ③ 예시 '~처럼'

접속 V·イA 보통형/ナ·N 명사수식형 + ようだ (ような : ~인 듯한, ように : ~처럼)

Bさんは

B는 회식

まるで

마치 꿈과

彼は俳(

그는 배우

N4+N5 | 03. 다양한 표현들, 어휘력 늘리기

69. ~から ~때문에, ~이니까

의미 주로 개인적인 이유나 사정을 설명하는 구어체 표현

접속 V·A·N 보통형 + から

ちょっと待ってね。すぐ行くから。 (동사)

잠깐만 기다려. 금방 갈 테니까.

おいしかったからまた食べに行った。 (イ형용사)

맛이 있어서 또 먹으러 갔다.

明日から3連休だからゆっくり休める。 (명사)

내일부터 3일 연휴니까 편히 쉴 수 있다.

JLPT 문법사전 활용법 및 특징

알고 싶은 문법을 '색인'에서 찾아 보세요

책의 맨 마지막에 문법 내용을 히라가나 순서대로 정리한 색인이 있습니다. 궁금한 내용이 있을 때는 색인을 통해 해당 문법을 빠르게 찾아보세요. JLPT 시험은 각 등급에 해당하는 문법이 명확하게 정해져 있지 않아 같은 문법이 어떤 교재에서는 N2에, 또 다른 교재에서는 N3에 담겨 있기도 합니다. 'JLPT 문법 사전'에서도 하나의 문법이 N2, N3에 혹은 N3, N4에 중복되어 실려 있기도 합니다. 등급별로 나오는 비슷한 표현을 모아서 서로 비교하며 학습할 수 있도록 한 것이니 함께 확인하세요.

색인

단어는 다음과 같은 히라가나의 순서대로 정리되어 있습니다.

あ·い·う·え·お → か·き·く·け·こ → さ·し·す·せ·そ → た·ち·つ·て·と → な·に·
ぬ·ね·の → は·ひ·ふ·へ·ほ → ま·み·む·め·も → や·ゆ·よ → ら·り·る·れ·ろ →
わ·を·ん

あ

> **색인 ~もの**
> **119 페이지**

N3 02. 여러 가지 의미가 있는 단어들

47. もの

(1) ~ものか ~하겠냐? (절대 안 한다)

의미 반문의 형태로 강한 반발, 부정적 기분을 표현. 구어체로 もんか도 사용

접속 V·イA보통형/ナA·N명사수식형＋ものか(명사 현재 긍정은 Nの→Nな)

私があんなやつに負けるものか。(동사)
내가 저런 녀석한테 지겠냐?(절대 지지 않는다)

宿題ばかりの授業が楽しいものか。(イ형용사)
숙제만 잔뜩인 수업이 즐거울 리가 있나.

明日が試験なのに暇なもんか。(명사/ナ형용사)
내일부터 시험인데 여유가 있겠나.

동사, 형용사, 명사 등 다양한 품사와 연결되는 문법은
품사별 예문을 확인하세요

해당 문형이 명사, 형용사, 동사 등과 다양한 형태로 접속될 경우 품사별로 예문이 실려 있습니다. 예문을 통해 다양한 품사와 연결되는 형태를 확인하세요.

83. ~まま ~한 채, ~한 그대로

의미 어떤 '상태'를 유지하면서 다른 행동을 하는 경우. 혹은 유지된 '상태'

접속 Vた형/Vない형/イAい/ナAな/Nの + まま

昨日(きのう)はテレビをつけた**まま**寝(ね)てしまった。 (동사)

어제는 TV를 켠 채로 자 버렸다.

久(ひさ)しぶりに会(あ)った友達(ともだち)はきれいな**まま**だった。 (ナ형용사)

오랜만에 만난 친구는 변함없이 예뻤다.

今(いま)の**まま**、何(なに)も変(か)わらないでほしい。 (명사)

지금 이대로, 아무 것도 변하지 않으면 좋겠다.

여러 가지 의미가 있는 문법은 의미별 예문을 확인하세요

상황에 따라 여러 가지 의미로 쓰이는 문형의 경우 의미별 예문이 실려 있습니다. 형태는 같지만, 의미는 다른 문형을 예문을 통해 확인하세요.

39. ~らしい ~인 것 같다, ~라는 것 같다

의미 ① 근거가 있는 추측 ② 불확실한 정보의 전달 ③ 명사 + らしい '~ 답다'

접속 V·N·A 보통형 + らしい (단, ナA, N 현재 긍정에서 だ는 생략)

ゆき でんしゃ と
雪で電車が止まったらしいです。(동사)

눈 때문에 전철이 멈췄다는 것 같아요. [의미②]

ぶ ちょう わる びょういん い
部長どこか悪いらしい。また病院に行った。(イ형용사)

부장님 어딘가 안 좋은 것 같아. 또 병원에 갔어. [의미①]

さいきん こ ども おお
最近は子供らしくない子供が多い。(명사)

요즘은 아이답지 않은 아이가 많다. [의미③]

품사별 표기 및 활용

🎩 동사

V(동사)	1그룹 예시	2그룹 예시
V 사전형	乗る	食べる
Vます형	乗ります	食べ
V た형	乗った	食べた
V て형	乗って	食べて
V ない형	乗ら(ない)	食べ(ない)
V ば형	乗れば	食べれば
V 의지형	乗ろう	食べよう
V 보통형	乗る/乗った 乗らない/乗らなかった	食べる / 食べた 食べない / 食べなかった

🧑 형용사

イA(イ형용사)	예시
イA 사전형	さびしい
イA 어간	さびし
イAい	さびしい
イA く	さびしく
イAて형	さびしくて
イA 과거형	さびしかった
イAば형	さびしければ
イA 보통형	さびしい / さびしくない さびしかった / さびしくなかった

🎩 명사

N(명사)	예시
N	車
Nの	車の
Nである	車である
N 보통형	車だ / 車だった 車ではない / 車ではなかった
N 명사수식형	車の / 車だった 車ではない / 車ではなかった

	3그룹 예시
	する
	し
	した
	して
	し(ない)
	すれば
	しよう
	する / した
	しない / しなかった

	ナA(ナ형용사)	예시
	ナA 사전형	好きだ
	ナA 어간	好き
	ナA な	好きな
	ナA て형	好きで
	ナA 과거형	好きだった
	ナA なら	好きなら
	ナA 보통형	好きだ / 好きだった 好きではない / 好きではなかった
	ナA 명사수식형	好きな / 好きだった 好きではない / 好きではなかった

Chapter 1.

명사·형용사·동사 활용 규칙

평서체	학생이다	学生だ ^{がくせい}
	학생이 아니다	学生**では**ない = 学生**じゃ**ない
	학생이었다	学生だった
	학생이 아니었다	学生**では**なかった = 学生**じゃ**なかった
경어체	학생입니다	学生です
	학생이 아닙니다	学生**では(じゃ)**ないです = 学生**では(じゃ)**ありません
	학생이었습니다	学生でした
	학생이 아니었습니다	学生**では(じゃ)**なかったです = 学生**では(じゃ)**ありませんでした
명사수식	학생의~	学生**の**

- 명사 뒤에 현재, 과거 등을 뜻하는 문형을 연결하면 바로 하나의 문장이 됩니다. 부정 표현에 나오는 では는 じゃ로 바꿔 쓰기도 합니다.
- 명사와 명사 사이에는 の를 씁니다. の는 '~의'라는 소유격 조사로도 쓰이고 특별한 의미 없이 단순히 연결하는 역할을 하기도 합니다.
- 의문문 : 평서체는 끝에 ? 또는 の?를 붙입니다. (단, 현재 긍정(기본형)의 경우 だ를 빼고 ? 또는 なの?를 붙입니다). 경어체는 끝에 か。를 붙입니다.

	높다	高い
평서체	높지 않다	高くない
	높았다	高かった
	높지 않았다	高くなかった
경어체	높습니다	高いです
	높지 않습니다	高くないです = 高くありません
	높았습니다	高かったです
	높지 않았습니다	高くなかったです = 高くありませんでした
명사수식	높은	高い

* い의 앞부분을 어간, い를 어미라고 합니다. 활용에서는 어미 부분이 변화됩니다. い형용사는 기본형과 명사를 수식할 때의 형태가 같습니다.
* 부정 표현에서는 어미 い가 く로 바뀝니다.
* 경어체는 평서체 뒤에 です를 붙여서 만들 수 있습니다.
* 의문문 : 평서체는 끝에 ？ 또는 の？를, 경어체는 뒤에 か。를 붙입니다.

평서체	좋아하다	好^すきだ
	좋아하지 않다	好き**では(じゃ)**ない
	좋아했다	好きだった
	좋아하지 않았다	好き**では(じゃ)**なかった
경어체	좋아합니다	好きです
	좋아하지 않습니다	好き**では(じゃ)**ないです = 好き**では(じゃ)**ありません
	좋아했습니다	好きでした
	좋아하지 않았습니다	好き**では(じゃ)**なかったです = 好き**では(じゃ)**ありませんでした
명사수식	좋아하는	好きな

- 기본형에서 だ의 앞부분을 어간, だ를 어미라고 부르며 활용할 때는 어미 부분이 변화됩니다.
- 명사를 수식할 때는 어미 だ를 빼고 な를 붙입니다.
- 부정 표현에서 어간 뒤의 では는 じゃ로 바꿔 쓸 수 있습니다.
- 경어체는 평서체 뒤에 です를 붙여서 만들 수 있습니다.
- 의문문 : 평서체는 끝에 ? 또는 の?를 붙입니다. (단, 현재 긍정(기본형)의 경우 だ를 빼고 ? 또는 なの?를 붙입니다). 경어체는 끝에 か。를 붙입니다.

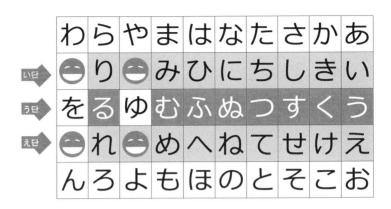

・**동사의 구분**

1그룹	① 어미가 る로 끝나고 る앞이 あ, う, お 단인 동사 ② 어미가 る 이외의 う단 음으로 끝나는 동사 (う・つ・る・ぬ・む・ぶ・く・ぐ・す)
2그룹	어미가 る로 끝나고 る 앞이 い단, え단인 동사
3그룹	불규칙 동사 : する(하다), 来る(오다)
예외 1그룹	형태는 2그룹 동사와 동일하지만, 활용할 때는 1그룹 규칙에 따르는 동사 예) 帰る(돌아가다), 切る(자르다), 入る(들어가다) 등

·1그룹 동사의 기본 활용

평서체	타다	の 乗る
	타지 않다	乗らない
	탔다	乗った
	타지 않았다	乗らなかった
경어체	탑니다	乗ります
	타지 않습니다	乗りません
	탔습니다	乗りました
	타지 않았습니다	乗りませんでした

- 평서체 부정형 : 끝의 う단을 あ단으로 바꾸고 ない, なかった를 붙입니다. 단, う로 끝나는 동사는 あ가 아닌 わ로 바뀝니다.
- 1그룹 동사의 평서체 과거형(동사의 'た형')

  う, つ, る로 끝나는 단어 : う, つ, る를 없애고 った를 붙입니다.

  ぬ, む, ぶ 로 끝나는 단어 : ぬ, む, ぶ를 없애고 んだ를 붙입니다.

  く, ぐ, す 로 끝나는 단어 : く, ぐ, す를 없애고 각각 いた, いだ, した를 붙입니다.

  行く : く를 없애고 った를 붙입니다
- 경어체 : 끝의 う단을 い단으로 바꾸고 ます, ません, ました, ませんでした를 붙입니다.

04. 동사 활용 규칙 03

· 2그룹 동사의 기본 활용

	먹다	食べる
평서체	먹지 않다	食べない
	먹었다	食べた
	먹지 않았다	食べなかった
경어체	먹습니다	食べます
	먹지 않습니다	食べません
	먹었습니다	食べました
	먹지 않았습니다	食べませんでした

· 평서체 : 끝의 る를 없애고 ない, た, なかった를 붙입니다.

· 경어체 : 끝의 る를 없애고 ます, ません, ました, ませんでした를 붙입니다.

· 3그룹 동사의 기본 활용

来る 오다

평서체	오다	来る(くる)
	오지 않다	来ない(こない)
	왔다	来た(きた)
	오지 않았다	来なかった(こなかった)
경어체	옵니다	来ます(きます)
	오지 않습니다	来ません(きません)
	왔습니다	来ました(きました)
	오지 않았습니다	来ませんでした(きませんでした)

する 하다

평서체	하다	する
	하지 않다	しない
	했다	した
	하지 않았다	しなかった
경어체	합니다	します
	하지 않습니다	しません
	했습니다	しました
	하지 않았습니다	しませんでした

· **동사의 た형(= 평서체의 과거)**

1그룹	· う・つ・る로 끝나면 끝 글자를 빼고 った를 붙입니다. · ぬ・む・ぶ로 끝나면 끝 글자를 빼고 んだ를 붙입니다. · く・ぐ・す로 끝나면 끝 글자를 빼고 いた, いだ, した를 붙입니다. · 行く는 예외적으로 行った가 됩니다.
2그룹	끝의 る를 빼고 た를 붙입니다.
3그룹	する는 した, 来る는 来た(きた)가 됩니다.
예외 1그룹	끝의 る를 빼고 った를 붙입니다.

· **동사의 ます형(= 경어체의 현재 긍정)**

문법을 설명할 때는 ます 앞부분을 'ます형'이라고 말합니다.

1그룹	끝의 う단을 い단으로 바꾸고 ます를 붙입니다.
2그룹	끝의 る를 없애고 ます를 붙입니다.
3그룹	する는 します, 来る는 来ます(きます)가 됩니다.
예외 1그룹	끝의 る를 り로 바꾸고 ます를 붙입니다.

· 동사의 ない형(=평서체의 현재 부정)

문법을 설명할 때는 ない 앞부분을 'ない형'이라고 말합니다.

1그룹	끝의 う단을 あ단으로 바꾸고 ない를 붙입니다. (단, う로 끝나면 あ가 아닌 わ로 바뀌는 것에 주의)
2그룹	끝의 る를 빼고 ない를 붙입니다.
3그룹	する는 しない, 来る는 来ない(こない)가 됩니다.
예외 1그룹	끝의 る를 ら로 바꾸고 ない를 붙입니다.

· 동사의 て형

1그룹	· う·つ·る로 끝나면 끝 글자를 빼고 って를 붙입니다. · ぬ·む·ぶ로 끝나면 끝 글자를 빼고 んで를 붙입니다. · く·ぐ·す로 끝나면 끝 글자를 빼고 いて, いで, して를 붙입니다. · 行く는 예외적으로 行って가 됩니다.
2그룹	끝의 る를 빼고 て를 붙입니다.
3그룹	する는 して, 来る는 来て(きて)가 됩니다.
예외 1그룹	끝의 る를 빼고 って를 붙입니다.

・동사의 가능형

1그룹	끝의 う단을 え단으로 바꾸고 る를 붙입니다.
2그룹	끝의 る를 빼고 られる를 붙입니다.
3그룹	する의 가능형은 できる(할 수 있다, 가능하다), 来る의 가능형은 来られる(こられる)입니다.
예외 1그룹	끝의 る를 れ로 바꾸고 る를 붙입니다.

・동사의 의지형

1그룹	끝의 う단을 お단으로 바꾸고 う를 붙입니다.
2그룹	끝의 る를 빼고 よう를 붙입니다.
3그룹	する는 しよう, 来る는 来よう(こよう)가 됩니다.
예외 1그룹	끝의 る를 ろ로 바꾸고 う를 붙입니다.

· 동사의 명령형

1그룹	끝의 う단을 え단으로 바꿉니다.
2그룹	끝의 る를 ろ로 바꿉니다.
3그룹	する는 しろ, 来る는 来い(こい)가 됩니다.
예외 1그룹	끝의 る를 れ로 바꿉니다.

· 동사의 수동형

1그룹	끝의 う단을 あ단으로 바꾸고 れる를 붙입니다.
2그룹	끝의 る를 빼고 られる를 붙입니다.
3그룹	する는 される, 来る는 来られる(こられる)가 됩니다.
예외 1그룹	끝의 る를 ら로 바꾸고 れる를 붙입니다.

· **동사의 사역형**

1그룹	끝의 う단을 あ단으로 바꾸고 せる를 붙입니다.
2그룹	끝의 る를 빼고 させる를 붙입니다.
3그룹	する는 させる, 来る는 来させる(こさせる)가 됩니다.
예외 1그룹	끝의 る를 ら로 바꾸고 せる를 붙입니다.

· **동사의 사역수동형**

1그룹	끝의 う단을 あ단으로 바꾸고 せられる를 붙입니다. (す 이외의 글자로 끝나는 동사에는 される도 사용)
2그룹	끝의 る를 빼고 させられる를 붙입니다.
3그룹	する는 させられる, 来る는 来させられる(こさせられる)가 됩니다.
예외 1그룹	끝의 る를 ら로 바꾸고 せられる 또는 される를 붙입니다.

Chapter 2.

N4+N5
필수 문법

01. 동사 활용법 복습 & 응용 표현

01. ~ましょう ~합시다, ~하죠

의미 자신이 주도하여 무언가를 하자고 제안, 권유할 때 사용

접속 Vます형 + ましょう

今日のお昼は外で食べましょう。

오늘 점심은 밖에서 먹어요.

みんな、明日はゆっくり休みましょう。

모두들 내일은 편히 쉽시다.

02. ~ませんか 하지 않겠습니까?

의미 부정형을 이용해 정중하게 제안, 권유하는 표현

접속 Vます형 + ませんか

ちょっとお茶でも飲みませんか。

잠시 차라도 마시지 않으시겠습니까?

この本、読んでみませんか。

이 책, 읽어 보지 않으시겠어요?

* ~ましょう & ~ませんか

무언가를 제안, 권유할 때 주로 사용합니다. 두 문형 중 동사의 부정형을 사용하는 ~ませんか는 '~하지 않으시겠어요?'로서 조금 더 부드럽고 정중한 느낌입니다. 단, ~ませんか는 大変じゃありませんか(힘들지 않으세요?), 明日は会社に行きませんか(내일은 회사에 안 가세요?)와 같이 단순히 상대의 상황을 물을 때도 사용합니다.

03. ~でしょう ~하겠지요, ~이겠죠

의미 어떤 일에 대한 추측, 예측을 말할 때 쓰는 표현

접속 V·N·A 보통형 + でしょう (단, 현재 긍정에서 ナA, N 뒤의 だ는 생략)

午後ごごは晴はれる<mark>でしょう</mark>。 (동사)

오후에는 날이 개이겠지요.

何回なんかいもチェックしたから大丈夫だいじょうぶ<mark>でしょう</mark>。 (ナ형용사)

몇 번이나 체크했으니까 괜찮을 거예요.

北海道ほっかいどうはもう冬ふゆ<mark>でしょう</mark>。 (명사)

홋카이도는 벌써 겨울이겠죠.

04. ~だろう ~할 것이다, ~이겠지

의미 ~でしょう와 같은 뜻의 반말 표현. 문어체로도 사용하며 회화에서는 주로 남성이 사용

접속 V·N·A 보통형 + だろう (단, 현재 긍정에서 ナA, N 뒤의 だ는 생략)

大変たいへんなこともいつかは終おわる<mark>だろう</mark>。 (동사)

힘든 일도 언젠가는 끝날 것이다.

あの二人ふたりが結婚けっこん？ウソ<mark>だろう</mark>。 (명사)

저 두 사람이 결혼? 거짓말이겠지.

* ~でしょう & ~だろう

둘 다 자신의 추측, 예상을 표현하는 문형입니다. ~だろう는 ~でしょう의 반말 표현으로서 혼잣말을 할 때, 또는 에세이나 신문 사설 등 문장에서 자주 쓰며 일상 대화에서는 주로 남성이 사용합니다.

31

05. ~やすい ~하기 쉽다

의미 무언가를 하기 편하다, 간단히 ~할 수 있다는 주관적인 의견

접속 Vます형 + やすい

この町は住みやすいです。

이 동네는 살기 편해요.

A先生の説明はとても分かりやすい。

A선생님의 설명은 굉장히 이해하기 쉽다.

06. ~にくい ~하기 어렵다

의미 무언가를 하기 어렵다, 불편하다는 주관적인 의견을 표현

접속 Vます형 + にくい

このスマホは使いにくい。

이 스마트폰은 쓰기 불편하다.

この運動靴は走りにくいですね。

이 운동화는 달리기 불편하네요.

* 走る 예외1그룹 동사

* ~やすい & ~にくい

동사 **ます**형에 붙여 사용하는 ~やすい는 무언가를 하기 편하다, 하기 쉽다는 자신의 개인적인 느낌, 평가를 표현합니다. 이와 반대되는 것이 ~にくい로서 무언가를 하는 것이 '불편하다', '어렵다'라는 생각을 전달합니다. 객관적인 사실이 아닌 주관적인 의견에 주로 사용합니다.

07. ~すぎる 너무 ~하다

의미 어떤 행동, 상황이 과하다는 주관적인 생각. 주로 부정적 감정을 표현

접속 Vます형/A어간 + すぎる

昨日(きのう)はみんなお酒(さけ)を飲(の)みすぎた。(동사)

어제는 모두들 술을 너무 많이 마셨다.

あの店(みせ)のケーキは甘(あま)すぎて嫌(きら)い。(ｲ형용사)

저 가게 케이크는 너무 달아서 싫어.

周(まわ)りが静(しず)かすぎてちょっと怖(こわ)かった。(ナ형용사)

주변이 너무 조용해서 좀 무서웠다.

08. ~たり~たりする ~하거나 ~하거나 한다

의미 ① 몇 가지의 예를 들어 말할 때 ② 몇 가지 행동을 반복할 때

접속 Vた형 + り + Vた형 + りする (부정형 : ~なかったり)

週末(しゅうまつ)はテレビを見(み)たり本(ほん)を読(よ)んだりする。

주말에는 TV를 보거나 책을 읽거나 한다. (의미①)

朝(あさ)ご飯(はん)は食(た)べたり食べなかったりします。

아침밥은 먹기도 하고 안 먹기도 하고 해요. (의미②)

* ~すぎる & ~たり~たりする

동사ます형 + すぎる는 자신의 기준에서 '너무 과하다'라는 주관적 생각을 말할 때 사용하지만 과식(食べすぎ), 과음(飲みすぎ) 등 일반 명사처럼 사용되는 단어도 있습니다. 한편, ~たり~たりする는 상황에 따라 여러가지 선택지가 있는 경우, 또는 몇 가지를 예로 들어 말할 때 사용합니다.

09. ~ている ~하고 있다, ~한 상태다

의미 ① 어떤 동작을 계속하고 있는 모습 ② 어떤 상태가 지속되는 상황

접속 Vて형 + いる

<ruby>妹<rt>いもうと</rt></ruby>はずっとテレビを見ている。

여동생은 계속 TV를 보고 있다. (의미①)

<ruby>友達<rt>ともだち</rt></ruby>はほとんど<ruby>結婚<rt>けっこん</rt></ruby>しています。

친구들은 대부분 결혼했어요. (의미②)

10. ~ていない ~하지 않고 있다, ~하지 않은 상태다

의미 ① 어떤 동작을 하지 않고 있는 상황 ② ~하지 않은 상태가 지속

접속 Vて형 + いない

<ruby>誰<rt>だれ</rt></ruby>も<ruby>先生<rt>せんせい</rt></ruby>の<ruby>話<rt>はなし</rt></ruby>を<ruby>聞<rt>き</rt></ruby>いていない。

아무도 선생님의 이야기를 듣고 있지 않다. (의미①)

<ruby>今日<rt></rt></ruby>は<ruby>朝<rt>あさ</rt></ruby>から<ruby>何<rt>なに</rt></ruby>も<ruby>食<rt>た</rt></ruby>べていない。

오늘은 아침부터 아무것도 안 먹었어. (의미②)

✱ ~ている & ~ていない

~ている · ~ていない는 어떤 동작을 하고 있는 중, 또는 하지 않고 있는 중
이라는 '진행'의 의미뿐만 아니라 '~한 상태가 지속되고 있다'라는 뜻으로도
자주 사용합니다. 결혼의 경우, 한국어에서는 단순히 '결혼했어요'라고 하
지만 일본어에서는 '결혼을 했고 그 결혼 상태가 지금도 유지되고 있다'라는
의미로서 結婚しています라고 말합니다. 식사를 못했다는 것도 '못 먹은 상
태가 계속되고 있다'라는 의미의 まだ食べていない를 사용합니다.

11. ~てみる ~해 보다

의미 시험 삼아, 또는 아직 잘 모르는 무언가를 시도해 보는 상황

접속 Vて형 + みる

初^{はじ}めて作^{つく}っててみたケーキです。

처음 만들어 본 케이크입니다.

この本^{ほん}おもしろいですよ。読^よんでみませんか。

이 책 재미있어요. 읽어 보지 않을래요?

12. ~ておく ~을 해 놓다

의미 무언가를 의도적으로 미리 해 놓는 일, 상황을 설명

접속 Vて형 + おく

まずピザと飲^のみ物^{もの}を頼^{たの}んでおいたよ。

우선 피자하고 음료수를 주문해 놓았어.

4時^{よじ}にタクシーを呼^よんでおきました。

4시에 택시를 불러 놓았습니다.

* ~てみる & ~ておく

~てみる는 아직 해보지 않은 것에 호기심을 가지고 도전해보거나 가벼운 마음으로 시도해 보는 상황을 표현합니다. 한편 ~ておく는 어떤 목적이나 의도가 있어서 미리 준비해 두는 행동을 설명할 때 주로 사용합니다.

13. ~てよかった ~해서 다행이다, ~하길 잘했다

의미 어떤 일, 또는 어떤 상황이 끝난 후 안심, 만족하는 기분

접속 V・イA・ナA의 て형/Nで/~なくて + よかった

じゅぎょう はや お
授業が早く終わ**ってよかった**。(Vて형)

수업이 일찍 끝나서 다행이다.

かれ い
彼に言わな**くてよかった**。(Vない형)

그 사람한테 말하지 않길 잘했다.

しんぱい あめ ふ あたた
心配したのに雨も降らなく暖か**くてよかった**。(イ형용사)

걱정했는데 비도 오지 않고 따뜻해서 다행이었다.

か ぞく げん き
家族みんな元気**でよかった**ですね。(ナ형용사)

가족 모두 건강해서 다행이네요.

14. ~てもいい ~해도 괜찮다

의미 허가, 허락의 표현. '~하지 않아도 괜찮다'는 ~なくてもいい

접속 V・イA・ナA의 て형/Nで/~なくて + もいい

す
これは捨て**てもいい**です。(Vて형)

이건 버려도 괜찮아요.

に ほん ご か
日本語で書か**なくてもいい**ですか。(Vない형)

일본어로 쓰지 않아도 괜찮은가요?

りょう り へ た けっこん
料理は下手**でもいい**。私と結婚しよう。(ナ형용사)

요리는 잘 못해도 돼. 나랑 결혼하자.

01. 동사 활용법 복습 & 응용 표현

* ~てよかった & ~てもいい

~てよかった는 '이미 한 행동, 일어난 상황'에 대해 다행이다, 잘했다 등 긍정적인 생각을 말합니다. 한편 ~てもいい는 '~해도 괜찮다'로서 앞으로 할 일에 대한 허가, 허락의 의견을 전달합니다. ~てもいいですか(~해도 괜찮습니까?)의 형태로 상대의 의견을 물을 때도 자주 사용합니다.

15. ~てはいけない　~하면 안된다

의미 금지 또는 강한 주장. ~てはならない는 같은 의미의 문어체 표현

　　　 회화에서 친한 사이에는 ~ちゃ(じゃ)だめだ도 사용

접속 Vて형 + てはいけない (~ては(では)いけない → ~ちゃ(じゃ)だめだ)

ここにゴミを捨ててはいけない。

여기에 쓰레기를 버리면 안된다.

犬が入ってはならない店もあります。

개가 들어가면 안 되는 가게도 있습니다.

16. ~なければいけない　~하지 않으면 안된다

의미 꼭 해야 하는 필요성, 의무를 표현. '~なければならない'도 같은 의미

　　　 혼잣말이나 친한 사이 대화에는 ~なきゃ를 주로 사용

접속 Vない형 + なければいけない (なければならない → なきゃ)

これから日本語の勉強をしなければいけない。

이제부터 일본어 공부를 하지 않으면 안돼.

国民は税金を払わなければならない。

국민은 세금을 내지 않으면 안된다.

01. 동사 활용법 복습 & 응용 표현

* ~てはいけない & ~なければいけない

꼭 해야 하는 일, 또는 하면 안되는 일을 말할 때 쓰는 문형입니다. ~いけない보다 ~ならない가 조금 더 딱딱한 느낌의 표현으로서 회화에서는 ~いけない, 규칙이나 법률에서는 ~ならない를 사용하는 경우가 많습니다.

17. ~てしまう ~하고 말다, ~해 버리다

의미 ① 어떤 일을 끝냈거나 상황이 끝난 상태 ② 후회의 감정을 표현

접속 Vて형 + しまう

すごくおもしろかったドラマが終わっ**てしまった**。

엄청 재미있었던 드라마가 끝나버렸다. (의미①)

嫌なことは先にやっ**てしまいます**。

싫어하는 일은 먼저 해 버려요. (의미①)

酒を飲んで人の前で泣い**てしまった**。

술을 마시고 남 앞에서 울고 말았다. (의미②)

18. ~ちゃう ~하고 말다, ~해 버리다

의미 ~てしまう의 축약 표현으로서 가까운 사이에 쓰는 구어체

접속 ~てしまう→ちゃう(과거:ちゃった), ~でしまう→じゃう(과거:じゃった)

仕事が多くて疲れ**ちゃった**。

일이 많아서 지쳤다.

弟が私のビールを飲ん**じゃった**。

남동생이 내 맥주를 마셔 버렸다.

✱ ~てしまう & ~ちゃう

두 문형 모두 '(미뤘던 일, 하기 싫은 일을) 해 버렸다', '(원하지 않은 일이) 일어나 버렸다'라는 의미로서 친한 사이의 대화에서는 ~ちゃう를 자주 사용합니다. ~てしまう는 ~ちゃう(買っちゃう)로, ~でしまう는 ~じゃう(飲んじゃう)로 변화됩니다.

19. ~に行く · 来る ~하러 가다/오다

의미 어딘가에 가거나 오는 '목적'을 말하는 문형

접속 Vます형 + に行く · 来る

入院している先生に会いに行きました。

입원해 있는 선생님을 만나러 갔어요.

ちょっとコーヒーを飲みに来ました。

잠깐 커피 마시러 왔어요.

20. ~(た)ことがある · ない ~한 적이 있다/없다

의미 과거의 경험을 표현. 경험이 없는 것은 ~ことが(は)ない

접속 Vた형 + ことがある · ない

1年くらい日本に住んだことがある。

1년 정도 일본에 산 적이 있다.

彼はピアノを習ったことがない。

그는 피아노를 배운 적이 없다.

* ~に行く・来る

어딘가에 가거나 오는 '목적'을 나타내는 표현입니다. 동사가 본래 의미가
아닌 다른 동사의 보조 역할을 할 때는 히라가나로 표기하는 것이 일반적이
지만 ~に行く・来る에서는 본래 의미인 '가다/오다' 라는 뜻으로 쓰인 것이
기에 한자로 표기합니다.

* ~ことがある・ない

동사의 과거형과 함께 써서 경험의 유무를 설명하는 문형입니다. 여러가지
가운데 한 가지를 꼽아 그것을 한 경험이 있다/없다를 말할 때는 조사 は를
써서 ~ことはある・ない(~한 적은 있다/없다)라고 말합니다.

21. 동사 가능형 **~할 수 있다**

의미 어떤 일이 가능하다는 사실을 표현. 앞에는 조사 '~が'를 쓰는 것이 원칙

접속 V가능형 (p.25 참고)

かのじょ　　に ほん ご　　　はな
彼女は日本語が話せますか。

그녀는 일본어를 말할 수 있나요?

さいきん　りょう り　　　　　　　　おとこ　にん き
最近は料理ができる男が人気だ。

요즘은 요리를 할 줄 아는 남자가 인기다.

22. ~ことができる **~하는 것이 가능하다**

의미 동사 가능형과 같은 의미. '불가능하다'는 ~ことができない

접속 V사전형 + ことができる・できない

おとうと
弟はピアノをひくことができる。 * ピアノをひく 피아노를 치다

남동생은 피아노를 칠 줄 안다.

さいきん　あさはや　お
最近は朝早く起きることができない。

요즘은 아침에 일찍 일어나지 못한다.

01. 동사 활용법 복습 & 응용 표현

日本語を書いたり読んだりすることはできますか？

일본어를 쓰거나 읽거나 할 수는 있나요?

✳ 동사 가능형 & ~ことができる

둘 다 '할 수 있다'라는 의미입니다. 2그룹 동사, 3그룹의 来る와 같이 가능형이 수동형과 형태가 동일해 헷갈릴 수 있는 상황, 또는 가능형으로 바꾸었을 때 과도하게 길어지는 단어 등에 ~ことができる를 사용하기도 합니다. 한편 見る, 聞く의 경우 가능형과 같은 의미의 별도의 단어 見える(보이다), 聞こえる(들리다)도 있습니다.

23. ~よう(동사 의지형) ~해야지, ~하자

의미 ① 무언가를 하려는 자신의 의지를 표현 ② 친한 사이에 권유, 제안

활용 V의지형 (p.25 참고)

明日からダイエットしよう。

내일부터 다이어트 해야지. (의미①)

もう7時だね。晩ご飯食べよう。

벌써 7시네. 저녁 먹자. (의미②)

24. ~ようと思う ~하려고 (생각)하다

의미 앞으로의 계획이나 예정을 표현. 주로 개인적인 일정에 사용

접속 의지형 + と思う (친한 사이의 구어체에서는 思う를 생략하기도 함)

今年は日本へ行こうと思っています。

올해는 일본에 가려고 생각하고 있어요.

明日パソコンを買いに行こうと。

내일 컴퓨터를 사러 가려고.

01. 동사 활용법 복습 & 응용 표현

＊ 동사 의지형 & ~ようと思う

의지형은 문장 끝에서 단독으로 쓰이면 '~하자'라는 권유가 되기도 하고 '~해야지'라는 혼잣말로서 자신의 의지를 스스로 확인하는 표현이 되기도 합니다. 문장 중간에 쓰이면 향후 계획을 표현하는 '~하려고'라고 번역됩니다.

25. 동사 명령형 ~해, ~해라

의미 강한 명령 또는 경고. 때로는 강한 응원의 표현으로도 사용

접속 V명령형(p.26 참고)

うるさい。早く寝ろ。

시끄러워. 빨리 자. (명령)

時間がない。早くしろ。

시간이 없어. 빨리 해.

頑張れ、韓国！

힘내라 한국! (응원)

26. ~な ~하지 마

의미 무언가를 하지 말라는 명령 또는 강력한 부탁, 충고

접속 V사전형 + な

これ、母には絶対言うな。

이거 엄마한테는 절대 말하지 마.

ここでは大きな声を出すな。

여기에서는 큰 소리를 내지 마.

01. 동사 활용법 복습 & 응용 표현

27. ~なさい ~해, ~하세요

의미 자신보다 아랫사람한테 하는 부드러운 명령 또는 권유

접속 Vます형 + なさい

もう8時です。早く帰りなさい。

벌써 8시예요. 빨리 집에 가세요.

友達にちゃんとあやまりなさい。 * あやまる 사과하다

친구한테 제대로 사과해.

28. ~てください ~해 주세요

의미 무언가를 해달라는 정중한 부탁, 요청

접속 Vて형 + ください (부정 : Vない형 + ないでください)

ここでちょっと待ってください。(Vて형)

여기서 잠시만 기다려 주세요.

タバコを吸わないでください。(Vない형)

담배를 피우지 말아 주십시오.

＊ 명령의 강도, 상대에 따라 구분해서 사용

누군가에게 명령, 지시를 내릴 때 쓸 수 있는 표현으로는 동사 명령형, ~な, なさい가 있습니다. ~なさい는 동사의 명령형, ~な보다 부드러운 뉘앙스로서 상황에 따라서는 자상한 권유나 조언의 의미가 되기도 합니다.

한편 ~てください는 주로 고객이나 윗사람에게 정중한 '부탁'을 할 때 사용하는 경어입니다. 물론 말투에 따라서는 명령처럼 들릴 수도 있겠지요.

29. 동사 수동형 ~을 받다/당하다, ~해지다

의미 주어가 어떤 행위의 대상이 되는 상황. 앞에는 조사 ~に, から(~에게)

활용 V수동형 (p.26 참고)

かのじょ あか あい
彼女は明るくてみんなに愛される。

그녀는 밝아서 모두에게 사랑받는다.

に ほん ご か ほん むずか
日本語で書かれた本はまだ難しい。

일본어로 쓰여진 책은 아직 어려워.

でんしゃ あし ふ
電車で足を踏まれました。

전철에서 발을 밟혔어요.

30. 동사 사역형 ~을 시키다, ~하게 하다

의미 다른 사람이 어떤 행동을 하도록 만들거나 지시할 때 사용

활용 V사역형 (p.27 참고)

せんせい ほん よ
先生が私に本を読ませました。

선생님이 나한테 책을 읽게 했어요.

はは まいあさ か ぞく くだもの た
母は毎朝、家族に果物を食べさせる。

엄마는 매일 아침 가족들에게 과일을 먹게 한다.

31. 동사 사역수동형 (억지로) ~하게 되다

의미 타인에게 억지로 무언가를 시킨 상황을 당한 입장에서 설명

활용 V사역수동형 (p.27 참고)

いっ か げつかん かいしゃ やす
一か月間、会社を休ませられた。

한 달간 회사를 쉬게 되었다. (원치 않았지만)

<ruby>人<rt>ひと</rt></ruby>の<ruby>前<rt>まえ</rt></ruby>で<ruby>歌<rt>うた</rt></ruby>わされて<ruby>恥<rt>は</rt></ruby>ずかしかった。

사람들 앞에서 노래를 부르게 해서 창피했다.

32. ~させてください ~하게 해 주세요

의미 '~하도록 시켜 주십시오', 즉 '~하게 해 주십시오'라는 정중한 부탁

접속 V사역형의 て형 + ください

ちょっと<ruby>座<rt>すわ</rt></ruby>らせてください。

잠시 앉게 해 주세요.

<ruby>今回<rt>こんかい</rt></ruby>の<ruby>発表<rt>はっぴょう</rt></ruby>は私に させてください。

이번 발표는 저에게 시켜 주세요.

＊ 한국어에는 없는 수동형

수동형은 '~을 당하다', '~히다'로 번역하기도 하지만 그대로 바꾸기 곤란한 경우도 많습니다. 예를 들어 동생이 내 케이크를 마음대로 먹어 버렸을 때 한국어에서는 '동생이 내 케이크를 마음대로 먹어 버려서 화가 났다'라고 길게 설명해야 합니다. 하지만 일본어에서는 수동형 자체에 부정적 감정이 포함되어 있어 '妹にケーキを食べられた'라고만 말해도 동생이 마음대로 먹었다는 것, 기분이 나빴다는 감정이 모두 전달됩니다.

＊ 사역수동형

동사를 사역형으로 바꾼 후 이것을 다시 수동형으로 바꾼 형태입니다. 직역하면 '남이 나에게 시키는 것을 당하다'로서 한국어로는 주어를 '나'에서 '상대방'으로 바꿔 '~가 시켜서 억지로 ~했다'라고 해야 자연스럽습니다.

33. くれる・もらう・あげる 주다, 받다

의미 누군가에게 무언가 '주는' 것을 상황에 따라 다른 동사로 표현

활용 くれる (남 → 나) 주다, もらう 받다, あげる (나 → 남, 남 → 남) 주다

昨日あなたが<ruby>か<rt>か</rt></ruby>くれたお<ruby>菓子<rt>か し</rt></ruby>おいしかったよ。

어제 네가 (나한테) 준 과자 맛있었어.

<ruby>知<rt>し</rt></ruby>らない<ruby>人<rt>ひと</rt></ruby>からメールをもらいました。

모르는 사람한테 메일을 받았어요.

おばあさんは<ruby>弟<rt>おとうと</rt></ruby>によく<ruby>小遣<rt>こ づか</rt></ruby>いをあげる。

할머니는 남동생에게 자주 용돈을 준다.

34. ~てくれる (남이 나에게) ~해 주다

의미 다른 사람이 나에게 무언가를 해 주는 것

접속 Vて형 + くれる

<ruby>友達<rt>ともだち</rt></ruby>がおいしい<ruby>店<rt>みせ</rt></ruby>を<ruby>教<rt>おし</rt></ruby>えてくれた。

친구가 맛있는 가게를 가르쳐 주었다.

メールに<ruby>返事<rt>へん じ</rt></ruby>をしてくれない。

메일에 답장을 해 주지 않는다.

35. ~てもらう ~해 주는 것을 받다 (~가 나에게 ~을 해주다)

의미 남이 무언가 해 준 것을 받은 입장에서 설명. 고마움을 표현.

접속 Vて형 + もらう

<ruby>姉<rt>あね</rt></ruby>にカバンを<ruby>買<rt>か</rt></ruby>ってもらった。

언니한테 가방을 사주는 것을 받았다(=언니가 가방을 사주었다).

彼に教え<mark>てもらった</mark>公園に行ってみた。

그에게 알려줌을 받은(=그가 알려 준) 공원에 가 보았다.

36. ~てあげる (내가 남에게, 남이 남에게) ~해 주다

의미 ① 내가 남에게 ~해 주다 ② 타인 A가 타인 B에게 ~해 주다

접속 Vて형 + あげる

パソコン、私が直し<mark>てあげるよ</mark>。

컴퓨터 내가 고쳐 줄게. (의미①)

兄貴が友達を空港まで送っ<mark>てあげました</mark>。

형(오빠)이 친구를 공항까지 바래다 주었어요. (의미②)

＊ くれる & あげる

동사에 '방향성'이 포함되어 있기 때문에 남이 내게 줄 때는 **くれる**, 내가 남에게 또는 남이 또 다른 남에게 줄 때는 **あげる**를 사용합니다. 단, **あげる**는 친구, 아랫사람에게 쓰는 표현으로서 윗사람에게 무언가를 줄 때는 **あげる** 대신 渡す(건네다), 伝える(전달하다) 등 다른 동사를 사용합니다.

＊ ~てもらう

'~함을 받다'라는 의미의 **~てもらう**에는 고마움의 마음이 포함되어 있습니다. 예를 들어 母が本を買ってくれた는 단순히 '엄마가 나한테 사주었다'라는 사실을 설명하는 것입니다. 하지만 母に本を買ってもらった라고 말하면 사 준 것에 대한 고마움, 받아서 미안한 마음도 함께 표현됩니다.

37. ~ようだ ~인 듯하다, ~와 같다

의미 ① 추측 '~인 것 같다' ② 비유 '~와 같다(비슷하다)' ③ 예시 '~처럼'

접속 V・イA 보통형/ナA・N 명사수식형 + ようだ (ような : ~인 듯한, ように : ~처럼)

Bさんは飲_のみ会_{かい}に行_いかない**ようだ**。(동사)

B는 회식에 안 갈 것 같아. (의미①)

まるで夢_{ゆめ}の**ような**ことができた。(명사)

마치 꿈과 같은 일이 생겼다. (의미②)

彼_{かれ}は俳優_{はいゆう}の**ように**背_せが高_{たか}くて恰好_{かっこう}いい。(명사)

그는 배우처럼 키가 크고 멋있다. (의미③)

38. ~そうだ ~해 보이다, ~일 것 같다

의미 지금 눈 앞에 보이는 것, 혹은 자신도 해볼 수 있는 것에 대한 추측

접속 Vます형/A어간 + そうだ (そうな : ~일 듯한, そうに : ~인 듯이)

今日_{きょう}は雨_{あめ}が降_ふり**そうな**空_{そら}ですね。(Vます형)

오늘은 비가 내릴 것 같은 하늘이네요.

このオムライスとケーキ、**おいしそう**だ。(イ형용사)

이 오므라이스와 케이크 맛있어 보인다.

このワンピースはどう？**楽_{らく}そう**じゃない？(ナ형용사)

이 원피스는 어때? 편해 보이지 않아?

39. ~らしい ~인 것 같다, ~라는 것 같다

의미 ① 근거가 있는 추측 ② 불확실한 정보의 전달 ③ 명사 + らしい '~답다'

접속 V·N·A 보통형 + らしい (단, ナA, N 현재 긍정에서 だ는 생략)

雪で電車が止まったらしいです。(동사)

눈 때문에 전철이 멈췄다는 것 같아요. (의미②)

部長どこか悪いらしい。また病院に行った。(イ형용사)

부장님 어딘가 안 좋은 것 같아. 또 병원에 갔어. (의미①)

最近は子供らしくない子供が多い。(명사)

요즘은 아이답지 않은 아이가 많다. (의미③)

40. ~みたい ~인 듯하다, ~라는 것 같다

의미 ようだ, らしい의 구어체 표현이지만 ナA, N 현재 긍정형과의 접속 형태가 다름

접속 V·A·N 보통형 + みたい (단, ナA, N 현재 긍정에서 だ는 생략)

今日のパーティーには来ないみたい。(동사)

오늘 파티에는 안 온다는 것 같다.

昨日は風邪で大変だったみたい。(ナ형용사)

어제는 감기 때문에 힘들었나 봐.

その服はおじさんみたいな感じじゃない？(명사)

그 옷은 아저씨 같은 느낌 아니야?

* ようだ & そうだ & らしい & みたい

모두 주관적인 '추측'을 말하는 표현이지만 상황에 따라 구분해 사용합니다. 우선 ~そうだ는 한국어의 '~해 보인다'에 해당합니다. "맛있어 보인다", "힘들어 보인다"와 같이 눈앞에 보이는 상황, 혹은 직접 보는 것처럼 상상이 되는 상황에 주로 사용합니다.

~ようだ와 ~らしい는 주변 상황, 타인의 말 등 어떤 근거에 기반한 주관적인 추측입니다. ~ようだ는 문장 중간에서 ~ような(~같은), ~ように(~처럼)로도 사용할 수 있습니다. 구어체 표현인 ~みたい는 ~ようだ와 달리 な형용사, 명사의 현재 긍정(きれいだ、車だ 등)과 접속할 때 な, の를 쓰지 않는 점, '~답다'라는 의미의 らしい를 대신해서는 쓰지 않는다는 점에 주의합니다.

41. ~と ~하면

의미 ① 변함없는 사실, 규칙 ② 항상 반복되는 습관, 상황

접속 V·A 사전형/Nだ + と

右に行くと公園があります。(동사)

오른쪽으로 가면 공원이 있습니다. (의미①)

車だと東京から大阪まで7時間はかかる。(명사)

자동차로 가면 도쿄에서 오사카까지 7시간은 걸려. (의미①)

勉強の時、部屋が暖かいと眠くなる。(イ형용사)

공부할 때 방이 따뜻하면 졸음이 온다. (의미②)

42. ~たら ~하면, ~했더니

의미 ① 뒤에 나오는 내용의 전제 조건 ② ~たら~た(과거형) '~했더니 ~였다'

접속 V·A·N 과거형 + ら (부정 : ~なかったら)

駅に着いたらメールします。(동사)

역에 도착하면 메일 할게요. (의미①)

暑かったらエアコンつけて。(イ형용사)

더우면 에어컨 켜. (의미①)

家に帰ったら誰もいなかった。(동사)

집에 돌아왔더니 아무도 없었다. (의미②)

43. ~ば ~하면

의미 ① 일반적인 가정, 조건 ② ~ばよかった : ~하면 좋았을걸(후회, 아쉬움)

　　③ ~ばいい : ~하면 된다(방법, 해결책)

접속 V 끝의 う단 → え단 + ば, イA : い → ければ(부정 : ~なければ)

誰でも練習すればできる。(동사)

누구나 연습하면 할 수 있다. (의미①)

もうちょっと甘ければよかったな。(イ형용사)

조금 더 달면 좋았을 텐데. (의미②)

嫌いなものは食べなければいい。(동사 부정)

싫어하는 것은 안 먹으면 된다. (의미③)

44. ~なら ~할 것이라면, ~에 대해서는

의미 ① 상황을 가정해서 조언, 요청, 제안 등을 할 때 ② 이야기의 주제를 제시

접속 V사전형/イAい/ナA어간/N + なら (부정 : ~ないなら)

韓国に行く**なら**いいところを紹介します。(동사)

한국에 갈 거면 좋은 곳을 소개할게요. (의미①)

それ好き**なら**持っていってもいいよ。(ナ형용사)

그거 좋아하면 가져 가도 돼. (의미①)

野球**なら**Aさんに聞いてみて。とても詳しい。(명사)

야구에 대해서라면 A에게 물어봐. 굉장히 잘 알아. (의미②)

* ~と & ~たら & ~なら

~とは '~하면 항상 ~한다'로서 변함없는 습관이나 상황, 정해진 규칙 등에 사용합니다. 한편 ~たら는 '만약 ~한다면 그 다음에', ~なら는 '~할 것이라면 그 이전에'라고 기억해 두면 좋습니다. 예를 들어 韓国に来たら連絡して는 '한국에 오면 (도착한 후에) 연락해', 韓国に来るなら連絡して는 '한국에 올 것이라면 (오기 전에) 연락해'라는 의미가 됩니다.

* ~ば & ~たら

둘 다 '~하면'이지만 ~たら는 뒤에 나오는 내용의 전제 조건을 말할 때, ~ば는 속담처럼 일반적인 상식을 말할 때나 선택지가 두 가지밖에 없을 때 주로 사용합니다. ~たら는 ~ば보다 일어날 확률이 더 높다는 뉘앙스로서 来れば는 올 지 안 올지 불확실한 상황, 来たら는 올 가능성이 매우 높은 상황이라 할 수 있습니다.

45. ~ほしい ~를 갖고 싶다, 원한다

의미 원하는 것, 바라는 일을 표현. 앞에 조사 が를 쓰는 것이 원칙이지만

여러가지 중 한 가지를 말할 때는 は를 사용

접속 N + が + ほしい (부정 : ~ほしくない)

私も新しい自転車が<u>ほしい</u>。

나도 새 자전거를 갖고 싶어.

「子供は<u>ほしくない</u>」と言う人も多い。

"아이는 원하지 않는다"라고 말하는 사람도 많다.

46. ~てほしい ~해주면 좋겠다, ~하길 바라다

의미 상대방이 자신에게 해 주길 바라는 일, 원하는 상황을 표현

접속 Vて형 + ほしい (부정 : Vない형 + ないでほしい)

あなたが一緒にい<u>てほしい</u>。

네가 같이 있어 주면 좋겠어.

帰りに果物をちょっと買ってき<u>てほしい</u>。

집에 올 때 과일을 좀 사오면 좋겠어.

日本に帰っても忘れ<u>ないでほしい</u>。

일본에 돌아가도 잊지 않길 바래.

47. ~たい ~하고 싶다

의미 내가 하고 싶은 일, 원하는 일을 표현할 때 사용

접속 Vます형 + たい (부정 : ~たくない)

<ruby>早<rt>はや</rt></ruby>く<ruby>旅行<rt>りょこう</rt></ruby>に<ruby>行<rt>い</rt></ruby>き<mark>たい</mark>！

빨리 여행 가고 싶다!

あの<ruby>車<rt>くるま</rt></ruby>は<ruby>高<rt>たか</rt></ruby>すぎて<ruby>買<rt>か</rt></ruby>い<mark>たくなかった</mark>。

그 차는 너무 비싸서 사고 싶지 않았다.

48. ~たがる ~하고 싶어하다

의미 다른 사람이 무언가 하고 싶어하는 모습을 제3자 입장에서 표현

접속 Vます형 + たがる (부정 : ~たがらない)

<ruby>犬<rt>いぬ</rt></ruby>は<ruby>毎日<rt>まいにち</rt></ruby><ruby>外<rt>そと</rt></ruby>に<ruby>出<rt>で</rt></ruby><mark>たがる</mark>。

개는 매일 밖에 나가고 싶어한다.

<ruby>彼<rt>かれ</rt></ruby>は<ruby>誰<rt>だれ</rt></ruby>とも<ruby>話<rt>はな</rt></ruby>し<mark>たがらなかった</mark>。

그는 누구와도 이야기하고 싶어하지 않았다.

* ~ほしい & ~てほしい & ~たい & ~たがる

~ほしい, ~てほしい, ~たい는 그것을 바라는 사람이 '나'인 반면 ~たがる 는 '남'이 무언가 원하고 있는 모습을 설명합니다. 寝たい는 내가 자고 싶은 것이지만 寝たがる는 내가 아닌 다른 사람이 자고 싶어 하는 모습입니다. 한편 ~てほしい는 '~해 주길 바라다'라는 의미로, 바라는 주체는 '나' 이지 만 실제로 그 행동을 하는 것은 '상대방'입니다. カバンを買ってほしい라고 하면 가방을 '사는 사람'은 상대방, 그것을 원하는 사람은 '나'입니다. 원하는 사람과 행동을 하는 사람이 다르다는 점을 기억하세요.

49. ~だけ ~만, ~뿐

의미 ① 어떤 것 한 종류만 있다는 '한정'을 표현 ② 제한된 범위를 표현

접속 N + だけ

千円で買えるものはこれ<u>だけ</u>だ。

천엔으로 살 수 있는 것은 이것뿐이다. (의미①)

一つ<u>だけ</u>聞きたいことがありますが…

하나만 묻고 싶은 것이 있는데요… (의미①)

私たち<u>だけ</u>が知っていることが多い。

우리들만이 알고 있는 것이 많다. (의미②)

50. ~のみ ~만, ~뿐

의미 だけ와 의미는 같지만 딱딱한 표현으로서 주로 문어체로 사용

접속 N + のみ

セールは三日間<u>のみ</u>です。

세일은 3일간뿐입니다.

仕事の目的はお金<u>のみ</u>ではない。

일의 목적은 돈뿐만이 아니다.

予約した方<u>のみ</u>入場可。

예약한 분만 입장 가능.

51. ~ばかり (거의) ~만

의미 그것이 차지하는 비율이 높다는 의미. 대부분 부정적 감정을 포함

접속 N + ばかり

今週は野菜ばかり食べている。

이번 주에는 거의 야채만 먹고 있어.

高校の時はゲームばかりしていた。

고등학교 때는 거의 게임만 했다.

インスタではきれいな写真ばかり見せる。

인스타그램에서는 예쁜 사진만 보여준다.

52. ~しか~ない ~밖에 없다, ~밖에 하지 않다

의미 부정문을 써서 '~만 있다', '~만 한다'라는 것을 강조

접속 N + しかない / N + しか ~Vない형 + ない

使えるものはこれしかない。

쓸 수 있는 것은 이것밖에 없다.

私には彼しか見えなかった。

나한테는 그 사람밖에 보이지 않았다.

昨日は3時間しか寝られませんでした。

어제는 3시간밖에 못 잤어요.

02. 비슷한 표현들 비교하면서 이해하기

* だけ, のみ는 '~뿐', ばかり는 '~의 비율이 매우 높은'

だけ, のみ 모두 '~만', '~뿐'으로서 같은 의미이지만 のみ는 주로 문어체로 사용합니다. 또한 だけ, のみ는 정말 그것밖에 없다는 뜻인 반면 ばかり는 그것이 차지하는 비율이 매우 높다는 의미입니다. 따라서 **男だけのクラス**는 오직 남자만 있는 학급, **男ばかりのクラス**는 여자가 있기는 해도 '대부분이' 남자인 학급을 말합니다.

* 불만, 비난의 감정이 포함된 ばかり

ばかり에는 말하는 사람의 '너무 과하다'라는 생각이 포함되어 있어 불만이나 아쉬움을 표현할 때 주로 사용합니다. **テレビばかり見ている**(TV만 보고 있다)는 TV를 너무 오래 본다는 비난의 뉘앙스입니다.

53. ~けど ~이지만, ~인데

의미 뒤에는 기대, 예상과 다른 내용. 정중하게 말할 때는 けれど, けれども

접속 V·A·N의 보통형/정중형 + けど

スキー場は寒かった<u>けど</u>とても楽しかった。(イ형용사)
스키장은 추웠지만 굉장히 즐거웠다.

今は元気だ<u>けど</u>去年は大変だった。(ナ형용사)
지금은 건강하지만 작년에는 힘들었다.

メールを送りました<u>けれども</u>返事がありません。(동사)
메일을 보냈습니다만 답장이 없습니다.

54. ~が ~이지만, ~인데

의미 ① ~けど의 정중한 표현, 문어체 ② 이야기를 시작하기 위한 '~입니다만'

접속 V·A·N의 보통형/정중형 + が

何回も電話しましたが出ませんでした。(동사)

몇 번이나 전화했지만 받지 않았습니다. (의미①)

新幹線は高いですが早くて楽です。(イ형용사)

신칸센은 비싸지만 빨라서 편합니다. (의미①)

営業チームの田中ですが、スズキさんいますか。(명사)

영업팀의 다나카입니다만, 스즈키씨 있나요? (의미②)

＊ ~けど & が

둘 다 역접을 의미하는 '~이지만', '~인데'로서 뒤에는 앞의 내용을 보고 기대하거나 예상한 것과 다른 내용이 나옵니다. 회화에서는 주로 **けど**를, 정중하게 말할 때는 ~けれども, ~が를 사용합니다. 단, ~が는 'こちらはAという会社ですが(여기는 A라는 회사입니다만)'처럼 대화의 시작을 위해 쓰기도 합니다.

55. ~ても ~해도, ~라도

의미 어떤 상황을 '가정'해 충고, 제안할 때 많이 사용. 주관적인 내용에 적합

접속 Vて형/Aて형/Nで + も

これから行っ<u>ても</u>もう遅いよ。(동사)

지금부터 가도 이미 늦었어.

父はいくら暑く<u>ても</u>エアコンをつけない。(イ형용사)

아버지는 아무리 더워도 에어컨을 켜지 않는다.

夜遅い時間<u>でも</u>大丈夫です。ご返事お願いします。(명사)

밤 늦은 시간이라도 괜찮습니다. 답장 부탁드립니다.

56. ~のに ~인데

의미 주로 이미 일어난 일, 객관적 사실을 설명. 실망이나 불만 등의 감정을 강조

접속 V·イA보통형/ナA·N명사수식형 + のに(단, 명사 현재 긍정은 N + なのに)

3時間も待った<u>のに</u>結局来なかった。(동사)

3시간이나 기다렸는데 결국 오지 않았다.

親は背が高い<u>のに</u>私はこんなに低い。(イ형용사)

부모님은 키가 큰 데 나는 이렇게 작아.

とてもきれいな都市<u>なのに</u>人気がない。(명사, 현재 긍정)

굉장히 예쁜 도시인데 인기가 없다.

* ~のに & ~ても

~ても는 これから行っても遅いよ(지금 가도 늦어)와 같이 아직 일어나지 않은 일을 가정할 때도 쓰는 반면 ~のに는 이미 일어난 일에 주로 사용합니다. ~のに에는 불만, 실망 등 부정적 감정이 포함되는 경우가 많습니다.

57. ~ように ~하도록

의미 추구하는 방향을 설명. 원하는 결과를 위해 노력한다는 내용에 주로 사용

접속 V사전형 + ように (부정 : Vない형 + ないように)

合格できる**ように**頑張ります。

합격할 수 있도록 열심히 하겠습니다.

風邪を引か**ないように**気をつけてください。

감기에 걸리지 않도록 조심해 주세요.

58. ~ために ~를 위해서

의미 ① 명확한 목적을 설명 ② '~를 배려해', '~의 이익을 위해'라는 의미

접속 V사전형/Nの + ために

旅行に行く**ために**バイトをしている。 (동사)

여행을 가기 위해서 아르바이트를 하고 있다. (의미①)

私の**ために**ここまで来てくれてありがとう。 (명사)

나를 위해서 여기까지 와 줘서 고마워. (의미②)

親は家族の**ために**毎日はたらいている。 (명사)

부모님은 가족을 위해서 매일 일하신다. (의미②) * はたらく 일하다

* ~ように & ~ために

~ようには 자신이 의도하거나 노력, 추구하는 '방향'을 나타내는 반면 ~ために는 명확한 '목표, 목적'을 표현합니다. 예를 들어 **早く起きるために早く寝るようにしている**(일찍 일어나기 위해서 일찍 자려고 하고 있다)는 일찍 일어난다는 '목적'을 위해 일찍 자려고 '노력'한다는 의미입니다.

59. ~まで ~까지

의미 '~까지 계속'이라는 의미로 어떤 행동, 상황이 지속되는 기간

접속 V사전형/N + まで

彼が来るまでカフェで本を読んでいました。(동사)

그가 올 때까지 카페에서 책을 읽고 있었어요.

毎日夜12時までバイトをしている。(명사)

매일 밤 12시까지 아르바이트를 하고 있다.

60. ~までに ~이전까지

의미 어떤 일을 완료하거나, 완료해야 하는 '기한'을 말할 때 사용

접속 V사전형/N + までに

あなたが着くまでには終わらせるから。(동사)

니가 도착할 때까지는 끝낼 테니까.

レポートは金曜日までに出してください。(명사)

리포트는 금요일까지 내 주세요.

* ~まで & ~までに

~まで는 12時まで寝た(12시까지 잤다), 午後まで雨が降った(오후까지 비가 내렸다)와 같이 해당 시점까지 어떤 상황, 행동이 계속 진행되는 경우입니다. 이에 반해 ~までに는 '기한'을 나타내는 조사로서 '~까지 끝내다/제출하다'와 같이 무언가 끝나거나 끝내야 하는 '시점'을 표현합니다.

61. ~く/~になる ~게 되다, ~해 지다

의미 상황, 상태의 변화를 설명할 때 사용하는 문형

접속 イAく/ナA어간に + なる

海で遊んだら顔が黒くなった。(イ형용사)

바다에서 놀았더니 얼굴이 검게 변했다.

この回りも夜は静かになる。(ナ형용사)

이 주변도 저녁에는 조용해진다.

62. ~く/~にする ~하게 하다

의미 의도적으로 어떤 상태나 상황을 변화시키는 것

접속 イAく/ナA어간に + する

歌う時は声をもっと大きくして。(イ형용사)

노래할 때는 목소리를 더 크게 해.

妹はいつも部屋をきれいにしている。(ナ형용사)

여동생은 항상 방을 깨끗하게 하고 있다.

63. ~ようになる ~하게 되다

의미 동사에 접속해 '변화'를 표현. 전에는 하지 않던 것을 '하게 되다', 못하던

것을 '할 수 있게 되다'

접속 V사전형/가능형 + ようになる (부정 : Vない형 + ないようになる)

今は辛いものも食べる**ようになった**。 (V사전형)

지금은 매운 것도 먹게 되었다.

日本語が少し話せる**ようになりました**。 (V가능형)

일본어를 조금 말할 수 있게 되었어요.

父はタバコを吸わ**ないようになった**。 (Vない형)

아버지는 담배를 피우지 않게 되었다.

64. ~ようにする ~하도록 하다

의미 자신의 의지로 무언가를 하도록 '노력한다'라는 것을 표현

접속 V사전형/가능형 + ようにする (부정 : Vない형 + ないようにする)

もうちょっと早く寝て早く起きる**ようにして**。 (V사전형)

조금 더 빨리 자고 빨리 일어나도록 해.

この仕事、一人でできる**ようにして**。 (V가능형)

이 일, 혼자서 할 수 있게 해.

これからは遅刻し**ないようにします**。 (Vない형)

앞으로는 지각하지 않도록 하겠습니다.

02. 비슷한 표현들 비교하면서 이해하기

* ~く/~になる·する & ~ようになる·する

모두 상태, 상황의 변화를 설명하는 문형입니다. 赤くなった(빨개졌다)처럼 앞에 형용사가 올 때는 ~く/~になる·する를, 食べるようになった(먹게 되었다)와 같이 앞에 동사가 올 때는 ~ようになる·する를 사용합니다.

~なる와 ~する는 변화를 의도한 것인지 아닌지에 따라 구분해 사용합니다. 예를 들어 部屋が暖かくなった(방이 따뜻해졌다)는 자신의 의지와 상관없이 따뜻해진 것, 部屋を暖かくした는 보일러를 켜는 등 자신 또는 누군가가 의도적으로 방을 따뜻하게 만든 상황입니다.

65. ~後で ~한 후에

의미 시간상 어떤 일 이후에 일어난 일, 상황을 설명

접속 Vた형/Nの + 後で

ご飯を食べた後で映画を見に行った。(동사)

밥을 먹은 후에 영화를 보러 갔다.

飲み会の後で一緒にカラオケに行った。(명사)

회식이 끝난 후 같이 노래방에 갔다.

66. ~てから ~한 다음에

의미 다음 행동을 하기 전에 '미리 하는/할 일'을 강조

접속 Vて형 + から

果物はよく洗ってから食べて。

과일을 잘 씻은 다음에 먹어.

掃除は窓を開けてからしなさい。

청소는 창문을 열고 (나서) 해.

* ~後で & ~てから

手を洗ってからご飯を食べる(손을 씻은 후 밥을 먹는다), チケットを見せ
てから入る(티켓을 보여준 다음에 들어간다)와 같이, 앞의 행동이 뒤의 행
동을 위한 준비 또는 조건일 경우에는 ~てから를 써야 자연스럽습니다.
　~後で는 앞 뒤 행동 간의 관계와 상관없이 단순히 시간적인 순서를 말하기
위해 쓸 수 있습니다.

67. ~つもりだ ~할 생각이다

의미 무언가를 할 것이라는 자신의 의지를 표현. 주로 개인적인 계획

접속 V사전형 + つもりだ (부정 : Vない형 + ないつもりだ)

彼とは別れる つもりだ。

그 사람하고는 헤어질 생각이다.

日本に行く つもりだった が行けなくなった。

일본에 갈 계획이었지만 못 가게 되었다.

試験まではバイトを しないつもり です。

시험 때까지는 아르바이트를 하지 않을 생각이에요.

68. ~予定だ ~할 예정이다

의미 つもり보다 더 확실한 계획, 또는 공식적인 일정에 주로 사용

접속 V사전형/Nの + 予定だ

卒業したら帰国する 予定です。(동사)

졸업하면 귀국할 예정이에요.

次の試験は12月13日の 予定です。(명사)

다음 시험은 12월 13일 예정입니다.

* ~つもりだ **&** ~予定だ

~つもり는 내가 결정한 개인적인 계획에 사용하지만 ~予定 는 내가 아닌 다른 사람이 결정한 일에도 쓸 수 있습니다. ~つもり는 막연한 계획, ~予定는 거의 확정되어서 실행할 가능성이 높은 계획에 주로 사용합니다.

69. ~から ~때문에, ~이니까

의미 주로 개인적인 이유나 사정을 설명하는 구어체 표현

접속 V·A·N 보통형 + から

ちょっと待_まってね。すぐ行くから。(동사)

잠깐만 기다려. 금방 갈 테니까.

おいしかったからまた食_たべに行った。(イ형용사)

맛이 있어서 또 먹으러 갔다.

明日から３連休_{さんれんきゅう}だからゆっくり休_{やす}める。(명사)

내일부터 3일 연휴니까 편히 쉴 수 있다.

70. ~ので ~해서, ~라서

의미 ~から보다 정중하고 객관적인 표현. 구어체, 문어체에 모두 사용

접속 V·イA·N 보통형/ナA 명사수식형 + ので (단, N 현재 긍정은 N + なので)

頑張_{がんば}りますのでよろしくお願_{ねが}いします。(동사)

열심히 하겠사오니 잘 부탁드립니다.

危_{あぶ}ないので走_{はし}らないでください。(イ형용사)

위험하니 뛰지 말아 주세요.

私は外国人_{がいこくじん}なのでビザが必要_{ひつよう}です。(명사, 현재 긍정)

저는 외국인이라서 비자가 필요합니다.

71. ~でも ~라도

의미 ① 여러 가지 중 하나를 예로 들 때 ② '의문사+でも'는 '모두'라는 의미

접속 N + でも

暇なら一緒に散歩でも行かない？

한가하면 같이 산책이라도 안 갈래? (의미①)

これでもよければあげるよ。

이거라도 괜찮으면 너 줄게. (의미①)

ラーメンは誰でも作れる食べ物だ。

라면은 누구라도 만들 수 있는 음식이다. (의미②)

72. ~にする ~로 하다

의미 여러 가지 가운데 하나를 선택, 결정해서 표현할 때 사용

접속 N + にする

「何を食べる？」「私はカレーライスにする。」

"뭐 먹을래?" "나는 카레라이스로 할래."

次の発表は来週の火曜日にしましょうか。

다음 발표는 다음주 화요일로 할까요?

73. ~はずだ 분명 ~일 것이다

의미 기존의 정보 등에 근거한 자신의 강한 추측

접속 V·イA 보통형/ナA·N 명사수식형 + はずだ (부정 : はずがない)

何回も話したから覚えているはずだ。(동사)

몇 번이나 말했으니까 분명 기억하고 있을 것이다.

本物(ほんもの)ならこんなに安(やす)いはずがない。(ィ형용사, はず부정)

진품이면 이렇게 (가격이) 쌀 리가 없다.

74. ~かもしれない ~일 지도 모른다

의미 자신의 불확실한 추측. 친한 사이에는 ~かも라고만 말하기도 함

접속 V·A·N 보통형 + かもしれない (단, ナA, N 현재 긍정에서 だ는 생략)

電話(でんわ)に出(で)ない。まだ寝(ね)ているかもしれない。(동사)

전화를 안 받아. 아직 자고 있을지도 몰라.

この映画(えいが)、あなたには面白(おもしろ)くないかも。(ィ형용사)

이 영화, 너한테는 재미없을지도 몰라.

今日(きょう)は晴(は)れだけど明日(あした)は雨(あめ)かもしれない。(명사, 현재 긍정)

오늘은 맑지만 내일은 비가 올 지도 몰라.

75. ~てすみません ~해서 죄송합니다

의미 상대방에게 자신의 실수나 잘못을 사과하는 표현

접속 Vて형 + すみません (부정 : Vない형 + なくてすみません)

返事(へんじ)が遅(おそ)くなってすみません。

답장이 늦어져서 죄송합니다.

先(さき)に連絡(れんらく)できなくてすみませんでした。

미리 연락하지 못해서 죄송했습니다.

76. ~てくれてありがとう ~해줘서 고마워

의미 상대방이 나에게 무언가 해 준 것에 대한 감사의 마음을 전달

접속 Vて형 + くれてありがとう

いつも心配<ruby>心配<rt>しんぱい</rt></ruby>してくれてありがとう。

항상 걱정해 줘서 고마워.

遠いところまで来<ruby>遠<rt>とお</rt></ruby>いところまで<ruby>来<rt>き</rt></ruby>てくれてありがとう。

먼 곳까지 와 줘서 고마워.

77. ~好<ruby>好<rt>す</rt></ruby>きだ ~을 좋아하다

의미 앞에는 조사 '~が'를 쓰는 것이 원칙. 강조할 때는 大好<ruby>大好<rt>だいす</rt></ruby>き

접속 V사전형の/N + が + 好きだ (부정 : 好きでは(じゃ)ない)

<ruby>日本<rt>にほん</rt></ruby>の<ruby>映画<rt>えいが</rt></ruby>が好きだ。(명사)

일본 영화를 좋아한다.

カラオケで<ruby>歌<rt>うた</rt></ruby>うのが大好きです。(동사)

노래방에서 노래하는 것을 정말 좋아해요.

<ruby>昔<rt>むかし</rt></ruby>から<ruby>甘<rt>あま</rt></ruby>い<ruby>物<rt>もの</rt></ruby>は好きではなかった。(명사, 부정)

예전부터 단 것은 좋아하지 않았어.

78. ~嫌いだ ~을 싫어하다

의미 앞에는 조사 '~が'를 쓰는 것이 원칙. 강조할 때는 大嫌い

접속 V사전형の/N + が + 嫌いだ (부정 : 嫌いでは(じゃ)ない)

果物の中ではブドウが嫌いだ。(명사)

과일 중에서는 포도를 싫어한다.

運動するのが嫌いではないが、好きでもない。(동사)

운동하는 것을 싫어하지 않지만 좋아하지도 않는다.

あんな気まぐれの人、大嫌い！(명사)

저렇게 제멋대로인 사람 정말 싫어!

79. ~上手だ ~을 잘한다

의미 잘 하는 것, 장기를 표현. 앞에는 조사 '~が'를 쓰는 것이 원칙

접속 V사전형の/N + が + 上手だ (부정 : 上手では(じゃ)ない)

真子ちゃんはダンスが上手だ。(명사)

마코짱은 춤을 잘 춘다.

人の前で話すのが上手じゃない。(동사, 부정)

사람 앞에서 이야기하는 것을 잘하지 못한다.

80. 下手だ 잘 못한다, 서투르다

의미 잘 못하는 것을 표현. 앞에는 조사 '~が'를 쓰는 것이 원칙

접속 V사전형の/N + が + 下手だ (부정 : 下手では(じゃ)ない)

うちの家族はみんな運動が下手だ。(명사)

우리 가족은 모두 운동을 잘 못한다.

まだ日本語で話すのが下手です。(동사)

아직 일본어로 말하는 것이 서툴러요.

81. ~前に ~전에

의미 어떤 행동을 하기 전, 또는 어떤 일이 일어나기 이전을 의미

접속 V사전형/Nの + 前に

国に帰る前にまた会いましょう。(동사)

귀국하기 전에 또 만납시다.

食事の前にお菓子なんか食べるな。(명사)

식사 전에 과자 같은 것 먹지 마.

82. ~間に ~동안에, ~사이에

의미 행동, 상태가 지속되는 기간. 주로 그 사이 어떤 일을 하는 경우

접속 V·イA 보통형/ナA·N 명사수식형 + 間

日本にいる間に旅行をたくさんしたい。(동사)

일본에 있는 동안에 여행을 많이 하고 싶다.

暇な<ruby>間<rt>ひま</rt></ruby>に<ruby>掃除<rt>そうじ</rt></ruby>でもしておこう。(ナ형용사)

한가할 때 청소라도 해 놓자.

<ruby>休<rt>やす</rt></ruby>みの間にミュージカルを 2 <ruby>回<rt>かい</rt></ruby>も<ruby>見<rt>み</rt></ruby>ました。(명사)

휴가 중에 뮤지컬을 두 번이나 봤어요.

83. ~まま ~한 채, ~한 그대로

의미 어떤 '상태'를 유지하면서 다른 행동을 하는 경우. 혹은 유지된 '상태'

접속 Vた형/Vない형/イAい/ナAな/Nの + まま

<ruby>昨日<rt>きのう</rt></ruby>はテレビをつけたまま<ruby>寝<rt>ね</rt></ruby>てしまった。(동사)

어제는 TV를 켠 채로 자 버렸다.

<ruby>久<rt>ひさ</rt></ruby>しぶりに<ruby>会<rt>あ</rt></ruby>った<ruby>友達<rt>ともだち</rt></ruby>はきれいなままだった。(ナ형용사)

오랜만에 만난 친구는 변함없이 예뻤다.

<ruby>今<rt>いま</rt></ruby>のまま、<ruby>何<rt>なに</rt></ruby>も<ruby>変<rt>か</rt></ruby>わらないでほしい。(명사)

지금 이대로, 아무 것도 변하지 않으면 좋겠다.

84. ~ながら ~하면서

의미 '~하면서 ~을 하다'. 두 가지 행동을 '동시에' 하는 상황

접속 Vます형 + ながら

<ruby>歩<rt>ある</rt></ruby>きながらスマホを<ruby>見<rt>み</rt></ruby>ると<ruby>危<rt>あぶ</rt></ruby>ないよ。

걸으면서 스마트폰을 보면 위험해.

<ruby>水<rt>みず</rt></ruby>でも<ruby>飲<rt>の</rt></ruby>みながらゆっくり<ruby>食<rt>た</rt></ruby>べて。

물이라도 마시면서 천천히 먹어.

85. ~始める ~하기 시작하다

의미 ① 어떤 행동을 시작하는 것 ② 어떤 상태/상황이 시작되는 것

접속 Vます형 + 始める

先月から日本語を習い始めました。

지난 달부터 일본어를 배우기 시작했어요. (의미①)

寒くなり始めたので冬のコートを出した。

추워지기 시작해서 겨울 코트를 꺼냈다. (의미②)

86. ~出す ~하기 시작하다, ~꺼내다

의미 ① '갑작스러운' 상태/행동의 시작 ② 무언가를 안에서 밖으로 꺼내는 것

접속 Vます형 + 出す

テレビを見ていた娘がいきなり泣き出した。

TV를 보고 있던 딸 아이가 갑자기 울기 시작했다. (의미①)

急に雨が降り出したのでカフェに入った。

갑자기 비가 오기 시작해서 카페에 들어갔다. (의미①)

カバンからカギを取り出してドアを開けた。

가방에서 열쇠를 (잡아) 꺼내서 문을 열었다. (의미②)

87. ~終わる 다 ~하다

의미 하고 있던 행동이나 진행되던 상황이 완전히 종료되는 것

접속 Vます형 + 終わる

それ食べ終わったら一緒にコーヒー飲もう。

그거 다 먹고 나면 같이 커피 마시자.

その本、読み終わったら貸してくれる？

그 책, 다 읽고 나면 빌려줄래?

大変だったレポートがやっと書き終わった。

힘들었던 리포트를 드디어 다 썼다.

88. ~続ける 계속 ~하다

의미 ① 어떤 행동을 계속하는 것 ② 어떤 상태, 상황이 계속 이어지는 것

접속 Vます형 + 続ける

1時間も待ち続けたけど彼は来なかった。

1시간이나 계속 기다렸지만 그는 오지 않았다. (의미①)

練習し続ければ発音できるようになるよ。

계속 연습하면 발음할 수 있게 돼. (의미①)

朝から雪が降り続けている。

아침부터 눈이 계속 내리고 있다. (의미②)

89. ~こと/もの ~것

의미 ① こと : 행동, 상황 등을 의미하는 '~것' ② もの : 사물을 의미하는 '~것'

접속 V·イA 보통형/ナA·N 명사수식형 + こと/もの

今あなたが食べている**もの**は何？ (동사)

지금 니가 먹고 있는 건 뭐야? (의미①)

文房具はかわいい**もの**が好きだ。 (イ형용사)

문구류는 귀여운 것을 좋아한다. (의미①)

私は走る**こと**が好きではない。 (동사)

나는 달리는 것을 좋아하지 않아. (의미②)

90. ~の ~것, ~의 것

의미 ① こと/もの 대신 사용

② 명사 + の는 '~의 것'이라는 의미로도 사용(소유물)

접속 V·イA 보통형/ナA 명사수식형/N + の

彼が言った**の**は全部ウソでした。 (동사)

그가 말한 것은 전부 거짓말이었어요. (의미①)

日本料理の中で一番好きな**の**は寿司です。 (ナ형용사)

일본 요리 중 가장 좋아하는 것은 스시에요. (의미①)

「これ、誰の**もの**？」「それ、私**の**！」 (명사)

"이거 누구 거?" "그거, 내 거야!" (의미②)

91. ~方 ~하는 법

의미 동사에 연결해서 '~하는 방법'이라는 의미로 사용

접속 Vます형 + 方

このカメラ、まだ使い方がよく分からない。

이 카메라, 아직 사용법을 잘 몰라.

今日はカタカナの書き方を習いました。

오늘은 가타카나 쓰는 법을 배웠습니다.

92. ~という ~라고 하는, ~라고 한다

의미 ① 명사+という는 '~라고 하는' ② 문장 맨 끝의 という는 '~라고 한다'

접속 N + という

近くに「トモダチ」というカフェができた。

근처에 '도모다치'라는 카페가 생겼다. (의미①)

来月から電気代が上がるという。

다음 달부터 전기세가 오른다고 한다. (의미②)

93. ~や ~랑, ~와

의미 몇 가지를 예로 들 때 사용. ~や ~など(~와 ~등)의 형태로 자주 사용

접속 N + や + N

朝はパンやヨーグルトなどを簡単に食べる。

아침에는 빵이나 요구르트 등을 간단하게 먹는다.

部屋のデスクや椅子を新しく買いました。

방의 책상, 의자를 새로 샀어요.

94. ～とか ~라든가, ~나

의미 2가지 이상의 것을 나열할 때 사용. や와 거의 동일하게 활용

접속 N + とか + N

家ではカップ麺<ruby>いえ<rt></rt></ruby>とかパンとかをよく食べます。

집에서는 컵라면이나 빵 같은 것을 자주 먹어요.

今日はAさんとかBさんとか先輩が多かった。

오늘은 A나 B 등 선배들이 많았다.

95. ～し ~하기도 하고

의미 비슷한 내용을 나열. 주로 상황, 행동의 '이유'를 설명할 때 사용

접속 V·A·N 보통형 + し

雨も降っているし、寒いから家で休もう。(동사)

비도 내리고 있고 추우니까 집에서 쉬자.

あの先生、人気でしょ？ハンサムだし、優しいから。(ナ형용사)

저 선생님 인기 많지? 잘생긴데다 자상하니까.

明日は休みだし約束もないから遅くまで寝よう。(명사)

내일은 휴일인데다 약속도 없으니까 늦게까지 자야지.

96. ～かな(ぁ) ～할까, ～하려나

의미 불확실한 것에 대한 의문 표현. 혼잣말에 자주 사용

접속 V·A·N 보통형 + かな (단, 현재 긍정에서 ナA, N 뒤의 だ는 생략)

仕事も終わったし、そろそろ帰ろう**かなぁ**。(동사)

일도 끝났으니 슬슬 집에 갈까.

ミヤちゃん今日の試験大丈夫だった**かな**。(ナ형용사)

미야짱 오늘 시험 괜찮았으려나.

今日の晩ご飯もまたカレー**かなぁ**。(명사)

오늘 저녁밥도 또 카레이려나.

97. ～(た)ほうがいい ～하는 편이 좋다

의미 권유, 충고할 때 자주 사용. 부정 표현은 ～ないほうがいい

접속 Vた형/ Vない형 + ほうがいい

寝る前のおやつは止めた**ほうがいい**よ。

자기 전의 간식은 그만두는 게 좋아.

あのホテルに行きたいなら早めに予約した**ほうがいい**。

그 호텔에 가고 싶은 거라면 일찍이 예약하는 편이 좋아.

あの人とは連絡しない**ほうがいい**と思う。

그 사람과는 연락하지 않는 편이 좋을 것 같아.

98. Aより(は) Bのほうが A보다(는) B가 더~

의미 '둘 중에 ~가 더 ~하다'라고 비교할 때 사용하는 표현

접속 (V・イA・ナA보통형/N)+より(は)+(V・イA보통형/ナA명사수식형/Nの)+ほうが

（ナA 보통형의 경우 현재 긍정에서 だ는 생략）

うちの家族はみんなご飯よりパンのほうが好き。(명사)

우리 가족은 모두 밥보다 빵을 더 좋아해.

旅行には寒いよりは暑いほうがいい。(イ형용사)

여행에는 추운 것보다 더운 게 더 좋다.

行かないよりは遅くでも行ったほうがいいと思う。(동사)

안 가는 것 보다는 늦더라도 가는 편이 나을 것 같아.

99. AとB(と)、どちらが~ A와 B 중에서 어느 쪽이~

의미 두 가지를 비교해서 말하거나 물어볼 때 사용

접속 N + と + N + (と)、どちらが~

映画とアニメと、どちらが好きですか。

영화와 애니메이션 중 어느 쪽을 좋아해요?

韓国と日本、どちらが過ごしやすいと思う？

한국과 일본 중 어느 쪽이 더 지내기 편하다고 생각해?

03. 다양한 표현들, 어휘력 늘리기

100. ~の中でAがいちばん~　~중에서 A가 가장~

의미 여러 개가 있는 상황에서 가장 ~한 한 가지를 선택

접속 N + の中で + N + がいちばん

日本のアイドルの中で嵐がいちばん好きです。

일본 아이돌 중에서 아라시를 가장 좋아해요.

日本語勉強の中では漢字がいちばん難しかった。

일본어 공부 중에서는 한자가 가장 어려웠다.

旅行の中でいちばん楽しかったことは？

여행 중에서 가장 즐거웠던 것은?

Chapter 3.

N3
필수 문법

01. 비슷한 표현들 비교하며 이해하기

01. ~てくる ~해 오다, ~해 지다

의미 ① 상대방이 내 쪽으로 오는 상황(방향성) ② 계속되어 온 변화

③ 계속해 온 행동 등

접속 Vて형 + くる

昨日は父が帰（かえ）りにチキンを買（か）っ<mark>てきた</mark>。

어제는 아버지가 집에 오면서 치킨을 사 왔다. (의미①)

最近（さいきん）、日本に来る外国人（がいこくじん）が多（おお）くなっ<mark>てきた</mark>。

최근 일본에 오는 외국인이 많아졌다. (의미②)

10年前（ねんまえ）から日本人（にほんじん）に韓国語（かんこくご）を教（おし）え<mark>てきました</mark>。

10년 전부터 일본인에게 한국어를 가르쳐 왔습니다. (의미③)

02. ~ていく ~해 가다

의미 ① 상대가 내게서 멀어져 가는 상황(방향성)

② 지금 있는 곳에서 다른 곳으로 가는 상황(방향성)

③ 앞으로 계속될 변화 등

접속 Vて형 + いく

雨（ふ）が降りそうだから傘（かさ）を持（も）っ<mark>ていって</mark>。

비가 올 것 같으니까 우산을 가져가. (의미①)

帰りにお弁当（べんとう）を買っ<mark>ていく</mark>から一緒（いっしょ）に食べよう。

집에 갈 때 도시락을 사 갈 테니까 같이 먹자. (의미②)

もう11月だからどんどん寒（さむ）くなっ<mark>ていく</mark>でしょう。

벌써 11월이니까 점점 추워지겠죠. (의미③)

* ~てくる & ~ていく

~てくる 는 누군가가 나를 향해 오는 것(父が帰ってきた 아버지가 돌아왔다), 다른 곳에서 현재의 위치로 온 상황(私は本を買ってきた 나는 책을 사왔다), 과거부터 지금까지의 변화 (寒くなってきた 추워졌다), 계속해 온 행동(教えてきた 가르쳐 왔다), 어떤 상황이 시작되는 것(雨が降ってきた 비가 오기 시작했다) 등을 표현합니다.

한편, ~ていく는 상대방이 나에게서 멀어지는 것(走っていった 뛰어갔다), 현재 있는 곳에서 다른 곳을 향해 가는 것 (買っていく 사 가다), 앞으로의 변화(寒くなっていく (앞으로) 추워지다) 등을 말할 때 사용합니다.

03. ~ておく ~해 놓다, ~해 두다

의미 ① 의도적으로 무언가를 미리 해 두는 것 ② 어떤 행동 이후에 정리하는 것

접속 Vて형 + おく

キムパプを作っ<ruby>作<rt>つく</rt></ruby>ておいたから明日<ruby>持<rt>も</rt></ruby>っていって。

김밥을 만들어 놓았으니까 내일 가져가. (의미①)

<ruby>使<rt>つか</rt></ruby>ったものは<ruby>元<rt>もと</rt></ruby>の<ruby>場所<rt>ばしょ</rt></ruby>に<ruby>戻<rt>もど</rt></ruby>しておいてほしい。

사용한 물건은 제자리에 되돌려놓아 두었으면 좋겠다. (의미②)

04. ~てある ~해 있다, ~되어 있다

의미 무언가를 의도적으로 해 놓은 '상태'를 표현할 때 사용

접속 (타동사)Vて형 + ある

ホテルに<ruby>入<rt>はい</rt></ruby>ったらエアコンがつけてあって<ruby>涼<rt>すず</rt></ruby>しかった。

호텔에 들어갔더니 에어컨이 켜져 있어서 시원했다.

<ruby>帰<rt>かえ</rt></ruby>ったらドアの<ruby>前<rt>まえ</rt></ruby>に<ruby>宅配便<rt>たくはいびん</rt></ruby>がおいてあった。

집에 왔더니 문 앞에 택배가 놓여 있었다.

みせ りょうり なまえ ねだん
店の前に料理の名前と値段が書いてあります。

가게 앞에 요리 이름과 가격이 적혀 있습니다.

* ~ておく & ~てある

둘 다 '의도적으로' 무언가를 미리 해 놓는 상황을 설명하는 문형입니다. 단, ~ておく는 무언가를 해 놓는 '행동'을 표현하고 ~てある는 무언가를 해 놓은 '상태'를 표현할 때 사용합니다.

05. ~ようになる ~하게 되다

의미 동사에 접속해 '변화'를 표현. 전에는 하지 않던 것을 '하게 되다', 못하던 것을 '할 수 있게 되다'

접속 V사전형/가능형 + ようになる (부정 : Vない형 + ないようになる)

しごと
ロボットがすべての仕事をするようになるのか。(V사전형)

로봇이 모든 일을 하게 되는 걸까?

にほんご はな
早く日本語が話せるようになりたい。(V가능형)

빨리 일본어를 말할 수 있게 되고 싶다.

さいきん あね
最近は姉とケンカをしないようになった。(Vない형)

요즘은 언니와 싸움을 하지 않게 되었다.

06. ~ようにする ~하도록 하다

의미 자신의 의지로 무언가를 하도록 '노력한다'라는 것을 표현

접속 V사전형/가능형 + ようにする (부정 : Vない형 + ないようにする)

今年は本を月に1冊は読む<u>ようにして</u>いる。(V사전형)

올해는 책을 한 달에 한 권은 읽으려 하고 있다.

うちの会社は有休を自由に使える<u>ようにして</u>います。

우리 회사는 유급휴가를 자유롭게 쓸 수 있도록 하고 있습니다. (V가능형)

ダイエットのために甘いものは食べ<u>ないようにして</u>いる。

다이어트를 위해서 단것은 먹지 않도록 하고 있다. (Vない형)

07. ~ことになる ~하게 되다(결과)

의미 ① 타인, 환경에 의해 결정된 사항 ② 자신이 결정한 일을 겸손하게 표현

접속 V사전형/Vない형 + ことになる

来月から出社する<u>ことになった</u>。本当に嬉しい！

다음 달부터 출근하게 되었다. 정말 기쁘다! (의미①)

歌手Aはケガでコンサートに参加しない<u>ことになった</u>。

가수 A는 부상으로 콘서트에 참가하지 않게 되었다. (의미①)

来年に彼女と結婚する<u>ことになりました</u>。

내년에 그녀와 결혼하게 되었습니다. (의미②)

08. ~ことにする ~하기로 하다(자발적 결정)

의미 자신의 의지, 판단으로 결정한 사항을 표현할 때 사용

접속 V사전형/Vない형 + ことにする

今年から毎日運動をすることにした。

올해부터 매일 운동을 하기로 하였다.

忙しくて今日の飲み会には行かないことにした。

바빠서 오늘 술자리에는 안 가기로 했다.

* ~ようになる & ~ことになる

~ようになる는 자신의 노력으로 혹은 자연스럽게 ~하게 되었다는 '변화'를, ~ことになる는 자신의 의사와는 상관없이 타인이나 환경에 의해 ~하도록 결정되었다는 '결과'를 말합니다. 단, 때로는 結婚するようになりました와 같이 자신이 결정한 일을 겸손하게 말하는 경우에도 사용합니다.

* ~ようにする & ~ことにする

자신의 의지로, 의도적으로 행동하는 경우입니다. ~ようにする는 확실한 결정 사항이 아닌 ~하도록 '노력하다', ~ことにする는 ~하기로 '결정하다'라는 의미입니다. 예를 들어 食べないようにする는 '먹지 않도록 (노력)하다', 食べないことにする는 '먹지 않기로 (결정)하다'라는 뜻입니다.

09. ~ほか(は)ない ~할 수밖에 없다

의미 선택할 수 있는 다른 방법, 다른 상황이 없다는 자신의 판단

접속 V사전형 + ほか(は)ない

試験が心配なら最後まで頑張るほかない。

시험이 걱정되면 끝까지 열심히 하는 수밖에 없다.

彼が優勝したのは「奇跡」と言うほかはない。

그가 우승한 것은 '기적'이라고 할 수밖에 없다.

10. ~そうにない ~할 것 같지 않다

의미 부정적인 결과에 대한 추측. 강조는 そうもない, そうにもない

접속 Vます형 + そうにない

明日から旅行なのに雨が止みそうにない。

내일부터 여행인데 비가 그칠 것 같지 않다.

ソウルは家が高くて普通の会社員は買えそうにもない。

서울은 집이 비싸서 보통의 회사원은 살 수 있을 것 같지도 않다.

* ~ほか(は)ない & ~そうにない

어떤 일이 일어날 가능성, 다른 선택지가 매우 적은 상황입니다. 단, ~ほか(は)ない는 다른 방법이 거의 없기 때문에 ~을 선택할 수밖에 없다는 '판단이나 주장'을, ~そうにない는 ~할 수 없을 것 같다는 부정적인 '추측'을 표현합니다.

11. ~ないことはない ~하지 않는 것은 아니다

의미 ~하기도 한다, 꼭 ~가 아닌 것은 아니다. 다소 가능성이 있다는 의미

접속 Vない형/イAく/ナAで/Nで + ないことはない

JLPTは難しいが、合格でき**ないことはない**。(Vない형)

JLPT는 어렵지만 합격할 수 없는 것은 아니다.

おいし**くないことはない**けど高すぎるな。(イAく)

맛이 없는 것은 아니지만 너무 비싸네.

幸せで**ないことはない**が、もっと楽しく過ごしたい。

행복하지 않은 것은 아니지만 더 즐겁게 지내고 싶다. (ナAで)

12. ~とは限らない ~라고 단정 지을 수는 없다

의미 '~가 아닐 가능성도 있다' 라는 주관적인 생각, 주장 표현

접속 V·イA·ナA·N 보통형 + とは限らない (ナA, N 뒤의 だ는 생략 가능)

お金持ちになると幸せになる**とは限らない**。(동사)

부자가 되면 행복해진다고 단정 지을 수는 없다.

高いものが必ず質もいい**とは限らない**。(イ형용사)

비싼 물건이 꼭 품질도 좋은 것은 아니다.

犯人の話がすべて真実だ**とは限らない**。(명사)

범인의 말이 모두 진실이라고 단정 지을 수는 없다.

* ~ないことはない & ~とは限らない

100% 그러한 것이 아니라 예외도 있는 경우입니다. ~ないことはない는 동사와 쓰이면 ~하지 않는 것은 아니다, 즉 가끔은 ~하기도 한다는 것을, 형용사와 쓰이면 '완전히 ~가 아닌 것은 아니다'라는 의미입니다.

~とは限らない는 '일반적인 상식/추측'과는 다를 수도 있다는 주관적 생각을 말할 때 주로 사용 합니다.

13. ~ 中 ~중(시간), ~안(장소)

의미 ① 시간적인 기한 ② 행동, 상태가 지속되는 동안 ③ 어떤 공간의 내부 전체

접속 N + 中 (中의 읽는 법 구분에 대해서는 다음 페이지의 설명 참고)

今日中にお金を送らないと予約がキャンセルされる。

오늘 중으로 돈을 보내지 않으면 예약이 취소된다. (의미①)

運転中にスマホを使うと危ないから止めて。

운전 중에 스마트폰을 사용하면 위험하니까 그만둬. (의미②)

部屋中がゴミでいっぱいだった。

방 전체가 쓰레기로 가득했다. (의미③)

14. ~間 ~동안, ~사이

의미 행동, 상태가 지속되는 기간. 해당 기간에 무언가를 계속 또는 반복할 때

주로 사용

접속 V・イA 보통형/ナA・N 명사수식형 + 間

子供が寝ている間、ずっと仕事をしていた。 (동사)

아이가 자고 있는 동안 계속 일을 하고 있었다.

あなたがいない間は何をしてもつまらなかったよ。 (동사 부정)

니가 없는 동안은 뭘 해도 재미가 없었어.

夏休みの間、彼氏と毎日デートをした。 (명사)

여름휴가 동안 남자친구와 매일 데이트를 했다.

* ~中 & ~間

~中는 행동/상태가 지속되는 '기간', ~間는 행동/상태가 '끝나기 전'이
라는 의미에 중점을 둔 표현입니다. 中는 동작/상태가 계속되는 경우
ちゅう로 읽습니다. 범위・기간을 나타낼 때는 ちゅう로 읽으면 그 안의
일부분, じゅう로 읽으면 전체를 의미합니다.
예를 들어 世界中는 전 세계, 一日中는 '하루 종일'입니다. 단, 관습적
으로 午前中는 ちゅう, 今日中와 今年中는 じゅう로 읽습니다.

15. ~にわたって・わたり ~동안 내내, ~에 걸쳐

의미 주로 범위, 기간을 나타내는 명사에 붙어 그 범위, 기간 전체를 의미

접속 N + にわたって・わたり(뒤에 나오는 명사를 수식할 때는 N+にわたる+N)

今年はソウル<ruby>全域<rt>ぜんいき</rt></ruby>にわたって<ruby>雪<rt>ゆき</rt></ruby>が<ruby>降<rt>ふ</rt></ruby>る日が多かった。

올해는 서울 전 지역에서 눈이 내리는 날이 많았다.

<ruby>明日<rt></rt></ruby>から3<ruby>日間<rt>みっかかん</rt></ruby>にわたり<ruby>祭<rt>まつ</rt></ruby>りが<ruby>行<rt>おこな</rt></ruby>われる。

내일부터 3일간에 걸쳐 축제가 열린다.

10<ruby>時間<rt></rt></ruby>にわたる<ruby>手術<rt>しゅじゅつ</rt></ruby>がやっと<ruby>終<rt></rt></ruby>わった。

10시간에 걸친 수술이 드디어 끝났다.

16. ~から~にかけて ~부터 ~에 걸쳐서

의미 시간, 공간적인 범위. 시작과 끝 지점을 대략적으로 표현

접속 N + から + N + にかけて

<ruby>今日<rt></rt></ruby>は<ruby>朝<rt></rt></ruby>から<ruby>夜<rt>よる</rt></ruby>にかけて<ruby>雨<rt>ふ</rt></ruby>が<ruby>降<rt></rt></ruby>るらしい。

오늘은 아침부터 밤에 걸쳐 비가 내린다는 것 같다.

ピカソは19<ruby>世紀<rt>せいき</rt></ruby>から20<ruby>世紀<rt></rt></ruby>にかけて<ruby>活動<rt>かつどう</rt></ruby>した<ruby>画家<rt>がか</rt></ruby>だ。

피카소는 19세기부터 20세기에 걸쳐 활동한 화가다.

* ~にわたって & ~にかけて

~から~にわたって라고 할 경우 해당 기간/범위 전체를 의미하지만 ~から~にかけて는 그 범위 내 일부만 해당하는 때도 사용합니다. 앞의 ~から 없이 쓰일 경우, ~にわたって는 앞에 기간/범위를 나타내는 말이 와서 '~내내', '~전체', ~かけて는 明日にかけて와 같이 시간, 시점을 표현하는 말이 와서 '(지금부터)~까지'라는 의미가 됩니다.

17. ~ため(に) ~때문에

의미 이유, 원인을 표현하는 문형. V사전형, Vない형, N와 연결되면 '~을 위해'
(p.60)라는 뜻도 있어 내용을 보고 판단

접속 V·イA보통형/ナA·N명사수식형 + ため(に)·ためだ

事故があった<u>ため</u>12時まで電車が止まっていました。

사고가 있어서 12시까지 전철이 멈춰 있었습니다. (동사)

私が合格したのはただ運がよかった<u>ためだ</u>と思う。

내가 합격한 것은 단지 운이 좋았기 때문이라고 생각한다. (イ형용사)

インフルエンザの<u>ために</u>一週間も外に出られなかった。

인플루엔자 때문에 일주일이나 밖에 나가지 못했다. (명사)

18. ~をきっかけに ~을 계기로

의미 무언가를 시작하거나 변화하게 된 동기, 이유. 주로 긍정적 내용에 사용

접속 N + をきっかけに·きっかけにして·きっかけとして

日本のアニメ<u>をきっかけに</u>日本語の勉強を始めた。

일본 애니메이션을 계기로 일본어 공부를 시작했다.

何<u>をきっかけに</u>科学に興味を持つようになりましたか。

어떤 계기로 과학에 흥미를 갖게 되었나요?

* ~ために & ~をきっかけに

이유를 표현하는 ~ために는 ~から의 정중한 표현으로서 딱딱한 느낌
이기 때문에 회화보다는 주로 문장에서 사용합니다. ~をきっかけに는
무언가를 시작, 변화하게 된 긍정적인 이유, 계기에 주로 사용합니다.

19. ~によって ~로 인해, ~에 따라

의미 전후 내용에 따라 ① 원인 ② 근거나 기준 ③ 수단이나 방법을 의미

접속 N + によって·より

私の不注意によって子供がケガをしてしまった。

내 부주의로 인해 아이가 다치고 말았다. (의미①)

入学テストの成績によってクラスを決めます。

입학시험 성적에 따라 클래스를 결정합니다. (의미②)

外部からの投資により、新しい技術の開発ができた。

외부에서의 투자로 인해 새로운 기술의 개발이 가능했다. (의미③)

20. ~を通じて · ~を通して ~를 통해서

의미 뜻은 같지만, 通して가 通じて보다 좀 더 의도적, 능동적인 뉘앙스

접속 N + を通じて·を通して

彼女とは韓国と日本の交流サイトを通じて知り合った。

그녀와는 한국과 일본의 교류사이트를 통해서 알게 되었다.

NGOを通してボランティアをしています。

NGO를 통해서 봉사 활동을 하고 있습니다.

* ~によって & ~を通じて · ~を通して

~ため가 단순한 이유를 말한다면 '~에 의하여'라고 번역되는 ~によって 는 무언가를 발생시킨 '원인'을 설명할 때, '~을 통하여'로 번역되는 ~を 通じて · ~を通して는 그것을 이용하거나 중간 단계로 활용하는 등 '수 단'을 표현할 때 주로 사용합니다.

21. ~について ~에 대해

의미 대화, 생각, 연구 등 어떤 행위의 대상을 설명할 때 사용

접속 N + について (뒤에 나오는 명사를 수식할 때는 N + についての + N)

今週は日本語のアクセント**について**勉強している。

이번 주는 일본어의 악센트에 대하여 공부하고 있다.

警察は今回の事件**について**1時間も説明しました。

경찰은 이번 사건에 대해 1시간이나 설명했습니다.

それ**についての**資料はメールで送っておきました。

그것에 대한 자료는 메일로 보내 놓았습니다.

22. ~に対して ~에 대해(대상), ~에 비해(대조)

의미 ① 행동·반응의 대상 ② '~에 비해'일 때는 (V·A 보통형+の/ナAなの/N)+に対して

접속 N + に対して(뒤에 나오는 명사를 수식할 때는 N + に対する + N)

韓国と日本では目上の人**に対して**敬語を使う。

한국과 일본에서는 윗사람에게 존댓말을 사용한다. (의미①)

子供の頃、母は厳しかったの**に対して**父は優しかった。

어렸을 때 엄마는 엄격했던 것에 비해 아빠는 자상했다. (의미②)

23. ~に関して ~에 관해

의미 ~について와 비슷하나 더 정중하고 폭넓은 범위를 표현

접속 N + に関して (뒤에 나오는 명사를 수식할 때는 N + に関する + N)

採用条件**に関して**少し聞きたいことがあります。

채용 조건에 관해 조금 물어보고 싶은 것이 있습니다.

来週までに経済に関するレポートを出さなければならない。

다음 주까지 경제에 관한 리포트를 내지 않으면 안 된다.

24. ~において ~에 있어서, ~에서

의미 어떤 행위를 하는 기간, 장소, 시기 등을 말할 때 사용하는 정중한 표현

접속 N + において (뒤에 나오는 명사를 수식할 때는 N + における + N)

人生において一番大事なのは何でしょうか。

인생에 있어서 가장 소중한 것은 무엇일까요? (기간)

初めてのオリンピックはギリシャにおいて開催された。

최초의 올림픽은 그리스에서 개최되었다. (장소)

中世における女性の社会的な地位はとても低かった。

중세에 여성의 사회적 지위는 매우 낮았다. (시기)

✱ ~について & ~に関して & ~に対して

~に関して가 ~について보다 딱딱하고 정중한 표현이며 좀 더 넓은 범위까지 포함하는 뉘앙스입니다. 車については 자동차 자체에 대해, 車に関しては 자동차뿐 아니라 관련 기술, 성능, 교통 등 그와 관련된 사항들까지 포함하는 느낌입니다. 한편 ~に対しては '~을 상대/대상으로 하여', '~에 대항하여'라는 뜻으로서 동작/감정이 향하는 대상, 내가 대항하거나 반응하는 상대를 명확히 표현할 때 사용합니다.

✱ ~において

장소를 나타내는 ~で, 시간을 나타내는 ~に의 문어체 표현입니다. '어떤 주제, 분야와 관련하여', '~에 있어서'라는 의미로도 사용됩니다. 貿易において(무역에 있어서 = 무역에서), 勉強において(공부에 있어서 = 공부할 때) 등의 표현이 있습니다.

25. ~ながら ~하면서

의미 '~하면서 ~을 하다'. 두 가지 행동을 '동시에' 하는 상황을 설명

접속 Vます형 + ながら

忙しい<ruby>時<rt>とき</rt></ruby>はキムパプを<ruby>食<rt></rt></ruby>べ**ながら**<ruby>仕事<rt>しごと</rt></ruby>をすることもある。

바쁠 때는 김밥을 먹으면서 일을 하는 경우도 있다.

<ruby>電話<rt>でんわ</rt></ruby>よりは<ruby>顔<rt>かお</rt></ruby>を<ruby>見<rt></rt></ruby>**ながら**<ruby>話<rt>はな</rt></ruby>すのが好きだ。

전화보다는 얼굴을 보면서 이야기하는 것을 좋아한다.

26. ~ついでに ~하는 김에

의미 본래 하려던 것에 더해 다른 것도 같이 하는 것. 동시 동작은 아님.

　　 문장 맨 앞에 쓰면 '덧붙여'라고 번역

접속 V사전형/Vた형/Nの + ついでに

私のお<ruby>弁当<rt>べんとう</rt></ruby>を作る**ついでに**あなたのものも作っておいた。

내 도시락을 만드는 김에 네 것도 만들어 놓았다. (동사)

<ruby>引越<rt>ひっこ</rt></ruby>しの**ついでに**新しいテレビを買うことにした。

이사하는 김에 새로운 TV를 사기로 했다. (명사)

ついでに言いますと、<ruby>明日<rt></rt></ruby>の<ruby>会議<rt>かいぎ</rt></ruby>はキャンセルだそうです。

덧붙여 말하자면, 내일 회의는 취소되었다고 합니다. (문장 맨 앞)

* ~ながら & ~ついでに

~ながら는 두 가지를 동시에 한다는 의미입니다. 한편 ~ついでに는 ~하는 김에 다른 일도 같이하는 것으로서 꼭 동시에 하는 것은 아닙니다. 어떤 행동을 할 때 겸사겸사 다른 일도 함께 한다는 뜻입니다.

27. ~とともに ~와 함께

의미 두 가지의 대상 또는 상황이 동시에 변화하는 모습을 표현

접속 V사전형/N + とともに

風邪<ruby>かぜ</ruby>が治<ruby>なお</ruby>る**とともに**食欲<ruby>しょくよく</ruby>も戻<ruby>もど</ruby>ってきた。 (동사)

감기가 나으면서 식욕도 되돌아 왔다.

つらい記憶<ruby>きおく</ruby>も時間<ruby>じかん</ruby>**とともに**消<ruby>き</ruby>えていくでしょう。 (명사)

괴로운 기억도 시간과 함께 사라져 갈 것이다.

28. ~にしたがって ~에 따라서

의미 ① ~에 '이끌려서' ~도 변화 ② (지시·규칙 등) ~에 따라

접속 V사전형/N + にしたがって·したがい

人口<ruby>じんこう</ruby>が増<ruby>ふ</ruby>える**にしたがい**、車<ruby>くるま</ruby>も増<ruby>ふ</ruby>えてきた。 (동사)

인구가 증가하는 것에 따라 자동차도 증가했다. (의미①)

世<ruby>よ</ruby>の中<ruby>なか</ruby>の変化<ruby>へんか</ruby>**にしたがって**使<ruby>つか</ruby>う言葉<ruby>ことば</ruby>も変<ruby>か</ruby>わっていく。 (명사)

세상의 변화에 따라서 사용하는 말도 바뀌어 간다. (의미①)

説明書<ruby>せつめいしょ</ruby>**にしたがって**おもちゃを作<ruby>つく</ruby>った。 (명사)

설명서에 따라서 장난감을 만들었다. (의미②)

* ~とともに & ~にしたがって

AとともにBも変<ruby>か</ruby>わる는 A와 B의 변화가 서로 관련성이 없을 때도 사용할 수 있습니다. 단순히 두 가지가 '동시에' 변화하는 것을 의미합니다. 이와 달리 AにしたがってBも変わる는 A의 변화에 따라, 즉 A의 영향으로 B도 변화하는 상황에 사용합니다.

01. 비슷한 표현들 비교하며 이해하기

29. ~向き ~에 적합한, ~쪽으로

의미 ① ~에 적합한, ~에 맞는(부적합한, 맞지 않는 ~に不向き) ② ~방향으로

접속 N + 向き (뒤에 나오는 명사를 수식할 때는 N + 向きの + N)

初心者向きの日本語教材を探していますが…

초심자에게 적합한 일본어 교재를 찾고 있습니다만… (의미①)

Aさんはこの仕事に不向きだと思う。

A는 이 일에 맞지(적합하지) 않다고 생각해. (의미①)

家を南向きに建てると暖かくていいと聞いた。

집을 남향으로 지으면 따뜻해서 좋다고 들었다. (의미②)

30. ~向け ~를 위한

의미 '~을 대상으로 함'. 이용할 대상을 미리 정해 그에 맞춰 만든 물건, 상품을 주로 표현

접속 N + 向け (뒤에 나오는 명사를 수식할 때는 N + 向けの + N)

最近は男性向けの化粧品もたくさん出ている。

요즘은 남성을 위한 화장품도 많이 나와 있다.

心がつらい時は、よく子供向けの絵本を読みます。

마음이 괴로울 때는, 종종 아동용 그림책을 봅니다.

* ~向き & ~向け

형태가 비슷해서 혼동하기 쉽지만 ~向き는 ~에 적합하다, ~에 어울린다 등 취향이나 특성을 표현하는 반면, ~向け는 '의도적으로' 그 대상을 위해 만든 것을 의미합니다. 따라서 여성용 제품, 남성용 제품과 같이 여성이나 남성을 의식해서 만든 제품에는 **向け**를 사용합니다.

01. 비슷한 표현들 비교하며 이해하기

31. ~まま ~한 채로, ~그대로

의미 ① 어떤 '상태'를 유지한 채로 다른 행동을 하는 경우

② 변함없는 모습을 표현

접속 Vた형/Vない형/イAい/ナAな/Nの + まま

昨日<ruby>昨<rt>つか</rt></ruby>はあまりにも<ruby>疲<rt>つか</rt></ruby>れて<ruby>化粧<rt>け しょう</rt></ruby>をした**まま**<ruby>寝<rt></rt></ruby>た。 (동사)

어제는 너무나 피곤해서 화장을 한 채로 잤다. (의미①)

<ruby>久<rt>ひさ</rt></ruby>しぶりに<ruby>会<rt></rt></ruby>った<ruby>友達<rt>ともだち</rt></ruby>は<ruby>昔<rt>むかし</rt></ruby>の**まま**だった。 (명사)

오랜만에 만난 친구는 옛날 그대로였다. (의미②)

32. ~っぱなし ~한 채로

의미 ①~たまま와 같은 의미(상태 유지) ② 어떤 '행동'을 계속한다는 의미로도 사용

접속 Vます형 + っぱなし

<ruby>雨<rt></rt></ruby>なのに<ruby>窓<rt>まど</rt></ruby>を<ruby>開<rt></rt></ruby>け**っぱなし**にして<ruby>出<rt></rt></ruby>かけてしまった。

비가 오는데 창문을 열어 놓은 채 외출하고 말았다. (의미①)

<ruby>今日<rt></rt></ruby>、うちの<ruby>子犬<rt>こ いぬ</rt></ruby>は<ruby>家<rt></rt></ruby>の<ruby>中<rt>なか</rt></ruby>で<ruby>走<rt>はし</rt></ruby>り**っぱなし**だった。

오늘 우리집 강아지는 집 안에서 계속 뛰어다녔다. (의미②)

* ~まま & ~っぱなし

두 문형 모두 '~한 상태를 그대로 유지한 채'라는 뜻으로 사용되지만 ~
っぱなし에는 '동작을 계속하다'라는 의미도 있다는 점이 다릅니다. 예
를 들어 ~っぱなし는 走りっぱなし(계속 달리고 있다), 打ちっぱなし
(계속 치고 있다)와 같이 어떤 동작을 반복하는 상황도 표현할 수 있지
만 ~まま는 유지되는 '상태'에만 사용합니다.

33. ~ごとに ~마다, ~할 때마다

의미 ① 동사가 앞에 오면 '~할 때마다' ② 숫자나 명사가 앞에 오면 '~마다'

접속 V사전형/N + ごとに

最近、会うごとに好きになる先輩がいる。(동사)

요즘 만날 때마다 좋아지는 선배가 있다. (의미①)

毎朝、アラ-ムが5分ごとに鳴るようにセットしている。(숫자)

매일 아침, 알람이 5분마다 울리도록 맞춰 놓고 있다. (의미②)

この町は春になると家ごとに桜が咲いてきれいだ。(명사)

이 동네는 봄이 되면 집집마다 벚꽃이 펴서 예쁘다. (의미②)

34. ~おきに ~걸러 한 번씩

의미 ~만큼의 간격을 두고 한 번씩. 앞에는 주로 시간·거리 등을 뜻하는 숫자

접속 N + おきに

今月から一日おきに日本語教室に通っている。

이번 달부터 하루걸러 한 번씩 일본어 교실에 가고 있다.

土曜日は1週間おきに友達とテニスをしています。

토요일은 한 주 걸러 한 번씩 친구와 테니스를 치고 있습니다.

* ~ごとに & ~おきに

10mごとに(10m마다), 10mおきに(10m 걸러)와 같이 어떤 상황에서는 같은 의미가 될 수 있지만 1年ごとに1回, 1年おきに1回의 경우는 의미가 다릅니다. 1年ごとに는 1년마다, 즉 '매년'이라는 뜻이 되고 1年おきに는 '1년 걸러'이기 때문에 올해 했으면 내년에는 안 하는 것이기에 결국 '2년에 한 번'을 의미합니다.

35. ~に比^{くら}べ(て) ~와 비교하여

의미 ① ~와 비교해서 ② '~을 기준으로 보면 비교적'이라는 뜻

접속 N + に比べ(て)·に比べると

去年^{きょねん}に比べて今年^{なつ}の夏^{あつ}はあまり暑くなかった。

작년에 비하여 올 여름은 별로 덥지 않았다. (의미①)

彼は実際^{じっさい}の年齢^{ねんれい}に比べてとても若^{わか}く見える。

그는 실제 나이에 비해 굉장히 젊어 보인다. (의미②)

36. ~わりに(は) ~치고(는)

의미 '~을 기준으로 생각/예상한 것과는 다르게'라는 주관적인 판단

접속 V·イA 보통형/ナA·N 명사수식형 + わりに(は)

たった1年間^{いちねんかん}勉強したわりには日本語が上手^{じょうず}だ。(동사)

겨우 1년간 공부한 것 치고는 일본어를 잘한다.

あの店^{みせ}のラーメン、安^{やす}いわりに味^{あじ}が悪くない。(イ형용사)

저 가게의 라멘은 싼 가격에 비해 맛이 나쁘지 않다.

うちの親^{おや}は年^{とし}のわりにはまだ元気^{げんき}だ。(명사)

우리 부모님은 나이에 비해 아직 건강하다.

* ~に比べて & ~わりには

한국어로는 둘 다 '~에 비해'라고 번역되는 경우가 많습니다. 단, ~に比べて는 양측을 단순 비교하거나 앞에 제시한 것을 기준으로 판단하는 것이고 ~わりには는 '~치고는 ~하다'로서 わりには 앞에 나온 단어를 보고 일반적으로 예상하는 내용, 모습과 달리 ~하다는 의미입니다.

37. こと

(1) ~ことに ~하게도

의미 뒤에 나오는 내용에 대한 본인의 기분, 감정, 생각을 표현

접속 Vた형/イAい/ナAな + ことに

驚いた**ことに**、10位のサッカーチームが1位に勝った。(동사)

놀랍게도 10위의 축구팀이 1위에게 이겼다.

ありがたい**ことに**、父が迎えに来てくれた。(イ형용사)

고맙게도 아버지가 데리러 와 주었다.

残念な**ことに**、私が会いたかった友達は来なかった。(ナ형용사)

안타깝게도 내가 만나고 싶었던 친구는 안 왔다.

(2) ~ことだ ~하는 것이 좋다

의미 ~하는 것이 가장 낫다, ~해야 한다는 의미. 조언이나 가벼운 명령

접속 V사전형/Vない형 + ことだ

日本語の漢字は毎日少しずつ覚える**ことだ**。(V사전형)

일본어의 한자는 매일 조금씩 외우는 것이 좋다.

頑張るのはいいけど無理はしない**ことだ**。(Vない형)

열심히 하는 것은 좋지만 무리는 하지 말아라.

知らないことは、聞く前に自分で調べる**ことだ**。(V사전형)

모르는 것은 묻기 전에 스스로 찾아봐야 한다.

(3) ~ことがある 가끔 ~한다

의미 자주는 아니지만 ~하는 경우가 있다. 부정기적인 행동, 상황을 표현

접속 V사전형/Vない형 + ことがある·こともある

<ruby>年<rt>ねん</rt></ruby>に<ruby>何回<rt>なんかい</rt></ruby>か<ruby>出張<rt>しゅっちょう</rt></ruby>で<ruby>日本<rt></rt></ruby>に<ruby>行<rt></rt></ruby>くことがあります。(V사전형)

1년에 몇 번쯤 출장으로 일본에 가는 일이 있습니다.

<ruby>夜中<rt>よなか</rt></ruby>に<ruby>目<rt></rt></ruby>が<ruby>覚<rt>さ</rt></ruby>めてなかなか<ruby>寝<rt></rt></ruby>られないことがある。(Vない형)

한밤중에 깨서 좀처럼 잠을 자지 못하는 때가 있다.

(4) ~ことはない ~할 필요는 없다

의미 '굳이 ~하지 않아도 된다'라는 의미. 충고나 격려할 때 자주 사용

접속 V사전형 + ことはない

<ruby>簡単<rt>かんたん</rt></ruby>な<ruby>手術<rt>しゅじゅつ</rt></ruby>だからそんなに<ruby>心配<rt>しんぱい</rt></ruby>することはない。

간단한 수술이니까 그렇게 걱정할 필요는 없다.

<ruby>皆<rt>みな</rt></ruby>でやったことだからあなた<ruby>一人<rt>ひとり</rt></ruby>で<ruby>責任<rt>せきにん</rt></ruby>を<ruby>取<rt>と</rt></ruby>ることはない。

다 같이 한 일이니까 너 혼자서 책임을 질 필요는 없다.

38. ばかり

(1) ~ばかり 약, ~정도

의미 앞에 거리, 시간 등의 숫자가 오며 '대략'이라는 의미

접속 N(숫자) + ばかり

10<ruby>分<rt>ぶん</rt></ruby>ばかり<ruby>待<rt>ま</rt></ruby>っていたらバスが<ruby>来<rt></rt></ruby>た。

약 10분 기다렸더니 버스가 왔다.

ご<ruby>飯<rt>はん</rt></ruby>の<ruby>量<rt>りょう</rt></ruby>が<ruby>多<rt></rt></ruby>くて<ruby>半分<rt>はんぶん</rt></ruby>ばかり<ruby>残<rt>のこ</rt></ruby>してしまった。

밥의 양이 많아서 절반 정도 남기고 말았다.

(2) ~ばかりか ~뿐만 아니라

의미 뒤에 ~も, ~まで가 나와 '~뿐만 아니라 ~까지'의 형태로 자주 사용

접속 V·イA보통형/ナA·N명사수식형 + ばかりか(단, Nの에서 の는 생략)

この家は上から足音が聞こえる**ばかりか**寒い。(동사)

이 집은 위에서 발소리가 들릴 뿐만 아니라 춥다.

きれいな**ばかりか**頭もいい彼女がうらやましい。(ナ형용사)

예쁜 것뿐만 아니라 머리도 좋은 그녀가 부럽다.

親は誕生日のプレゼント**ばかりか**小遣いまでくれた。(명사)

부모님은 생일 선물뿐만 아니라 용돈까지 주었다.

(3) ~たばかりだ 방금 ~했다

의미 ~한 지 얼마 안 됐다. 어떤 행위 이후 얼마 지나지 않은 상황

접속 Vた형 + ばかりだ

到着し**たばかり**だけど、あなたはどこにいる？

방금 도착했는데 너는 어디에 있어?

帰りに携帯を無くした。買っ**たばかり**なのに。

귀갓길에 휴대폰을 잃어버렸다. 바로 얼마 전에 샀는데.

(4) ~てばかりいる 내내 ~하고 있다

의미 '계속 ~만 하고 있다'라는 의미로 부정적인 내용에 주로 사용

접속 Vて형 + ばかりいる

うちの猫は昼も夜も寝**てばかりいます**。

우리 고양이는 낮에도 밤에도 계속 자기만 합니다.

何があったのか、娘が泣い**てばかりいる**。

무슨 일이 있었는지 딸이 내내 울고 있다.

39. ほど

(1) ~ほど ~(할) 정도

의미 ① 동사/형용사와 쓰면 '~할 정도' ② 숫자와 쓰면 '약 ~정도'

접속 V·イA보통형/ナA명사수식형/N + ほど

今日はピザとハンバーガーを飽きるほど食べた。(동사)

오늘은 피자와 햄버거를 질릴 정도로 먹었다. (의미①)

「本を読んで」と耳が痛いほど聞いたけど… (イ형용사)

"책 읽어"라는 말을 귀가 아플 정도로 들었지만… (의미①)

コンサートを見るために1時間ほど待った。(숫자)

콘서트를 보기 위해서 1시간 정도 기다렸다. (의미②)

(2) ~ば~ほど ~하면 ~할수록

의미 ① 정도가 점점 더 심해지는 변화 ② '더 ~한 것'이라고 강조하는 표현

ナAなら + ナAなほど, Nなら + Nであるほど 형태도 사용

접속 (V·イA ば형/ナA어간であれば/Nであれば)

+ (V사전형/イAい/ナAな/Nである) + ほど

日本語は勉強すれば勉強するほど難しく感じる。(동사)

일본어는 공부하면 공부할수록 어렵게 느껴진다. (의미①)

人気の店だから予約は早ければ早いほどいい。(イ형용사)

인기 있는 가게니까 예약은 빠르면 빠를수록 좋다. (의미②)

野菜は新鮮なら新鮮なほど美味しい。(ナ형용사)

야채는 신선하면 신선할수록 맛있다. (의미②)

(3) ~ほど~ない ~만큼 ~하지 않다

의미 동사와 쓰이면 '~할 정도로 ~하지 않다', 명사와 쓰이면 '~에 비하면 ~하지 않다'

접속 V보통형/N + ほど ~ない

ここは誰かに紹介するほど美味しくはない。(동사)

여기는 누군가에게 소개할 정도로 맛있지는 않다.

日本語の発音は英語ほど難しくない。(명사)

일본어 발음은 영어만큼 어렵지 않다.

(4) ~ほど~はない ~만큼 ~한 것은 없다

의미 '~가 최고다'라는 주관적인 생각을 비유의 형태를 통해 강조

접속 N + ほど~はない

今までこれほど面白い映画はなかった。

지금까지 이 정도로 재미있는 영화는 없었다.

うちの学校に彼ほど歌が上手な人はいない。

우리 학교에 그 남자만큼 노래를 잘하는 사람은 없다.

40. いう

(1) ~という ~라고 하는

의미 설명하고자 하는 대상의 이름, 내용 등을 제시하거나 인용

접속 N/인용문 + という

「アンジェラ・アキ」という日本の歌手を知っている？

'안젤라 아키'라는 일본 가수 알아? (명사)

友達から「引越しを手伝ってほしい」という連絡が来た。

친구한테 "이사를 도와주면 좋겠다"라는 연락이 왔다. (인용문)

(2) ~というのは ~라는 것은

의미 어떤 단어, 상황에 대해 정의를 내리거나 설명할 때 사용. とは도 같은 뜻으로 사용

접속 N/인용문 + というのは・とは

人生<ruby>じんせい</ruby>というのは長い旅<ruby>たび</ruby>のようなものだ。(명사)

인생이라는 것은 긴 여행과 같은 것이다.

「電話<ruby>でんわ</ruby>に出<ruby>で</ruby>ない」というのはまだ寝ているという意味<ruby>いみ</ruby>だ。(인용문)

'전화를 안 받는다'라는 것은 아직 자고 있다는 의미다.

(3) ~というと ~라고 하면

의미 ~에 대해 가장 대표적인 것, 혹은 ~로 인해 떠오른 이야기 등을 말할 때

접속 N + というと・いえば

韓国旅行<ruby>りょこう</ruby>というとやっぱり食べ物<ruby>たもの</ruby>とショッピングでしょう。

한국여행이라고 하면 역시 음식이랑 쇼핑이죠.

日本を代表<ruby>だいひょう</ruby>する山<ruby>やま</ruby>というと富士山<ruby>ふじさん</ruby>、花<ruby>はな</ruby>というと桜<ruby>さくら</ruby>！

일본을 대표하는 산이라면 후지산, 꽃이라면 벚꽃！

(4) ~ということだ ~라고 한다

의미 어떤 내용을 전달할 때 사용하는 딱딱한 표현. とのことだ를 쓰기도 함

접속 V・イA・ナA・N 보통형/인용문 + ということだ

来年からは全国<ruby>ぜんこく</ruby>のバス代<ruby>だい</ruby>が上<ruby>あ</ruby>がるということだ。(동사)

내년부터는 전국의 버스요금이 오른다고 한다.

彼は高校<ruby>こうこう</ruby>の時<ruby>とき</ruby>、水泳<ruby>すいえい</ruby>の選手<ruby>せんしゅ</ruby>だったということだ。(명사)

그는 고등학교 때 수영 선수였다고 한다.

田中さんは「10分ほど遅<ruby>おそ</ruby>くなる」とのことです。(인용문)

다나카 씨는 "10분 정도 늦는다"라고 합니다.

41. する

(1) ~としたら ~(라고) 한다면

의미 상황을 가정하는 것으로서 もし(만약)와 함께 쓰는 경우가 많으며 すれば
의 형태도 사용

접속 V·イA·ナA· N 보통형 + としたら·すれば

もし結婚する<mark>としたら</mark>、どんな人としたい？ (동사)
만약 결혼한다고 하면 어떤 사람과 하고 싶어?

それが本当だ<mark>としたら</mark>、Aさんの話はウソだね。 (ナ형용사)
그게 정말이라면 A의 이야기는 거짓말이네.

子供を殺したのが本当に親だ<mark>としたら</mark>恐ろしい。 (명사)
아이를 죽인 것이 정말 부모라고 하면 무섭다.

(2) ~としても ~라고 하더라도

의미 어떤 상황을 가정. 뒤에는 주로 그에 대한 부정적인 생각이나 판단을 표현

접속 V·イA·ナA·N 보통형 + としても

文法を覚えた<mark>としても</mark>口で練習しないと会話はできない。
문법을 외웠다고 해도 입으로 연습하지 않으면 회화는 못한다. (동사)

私が悪かった<mark>としても</mark>そこまで言うのはひどくない？
내가 잘못했다고 해도 그렇게까지 말하는 건 심하지 않아? (イ형용사)

辛いものが好きだ<mark>としても</mark>これは辛すぎて食べられない。
매운 것을 좋아한다고 해도 이것은 너무 매워서 먹을 수가 없다. (ナ형용사)

(3) ~にする ~로 정하다

의미 여러 가지 가운데 하나를 선택, 결정해서 표현할 때 사용

접속 N + にする

「夏休みはいつ？」「来週にするつもりだよ」

"여름휴가는 언제야?" "다음 주로 할 생각이야."

では、今度のミーティングはいつにしましょうか。

그럼, 다음번 미팅은 언제로 정할까요?

(4) ~ようとする ~하려고 하다

의미 의도, 의지를 표현. 반대 의미인 '~하려고 하지 않다'는 ようともしない

접속 V의지형 + とする・ともしない

家を出ようとした時、電話がかかってきた。

집에서 나가려고 했을 때 전화가 걸려 왔다.

早く起きようとしたのにまた寝坊をしてしまった。

일찍 일어나려고 했는데 또 늦잠을 자고 말았다.

弟は親のアドバイスを聞こうともしなかった。

남동생은 부모님의 조언을 들으려고도 하지 않았다.

42. たら

(1) ~たらいい ~하면 좋다, ~하면 된다

의미 주로 제안, 조언에 사용. 때로는 체념, 비난의 뉘앙스가 되기도 함

접속 Vた형 + ら + いい

かぜ かぜ とき とき やす
風邪の時は早く帰って休んだらいい。

감기일 때는 일찍 들어가서 쉬는 것이 좋다.

できないことは「できない」と言ったらいい。

할 수 없는 것은 "할 수 없다"라고 말하면 된다.

とき
こんな時はどうしたらいいでしょうか。

이럴 때는 어떻게 하면 좋을까요?

(2) ~たらよかった ~하면 좋았을 텐데

의미 지나간 일, 변하지 않는 일에 대한 후회나 아쉬움의 마음을 표현

접속 Vた형/イA·ナA·N 과거형 + らよかった

たの
昨日楽しかった？私も行ったらよかったな。(동사)

어제 재미있었어? 나도 갈 걸 그랬다.

やす
チケットがもうちょっと安かったらよかったのに。(イ형용사)

티켓이 조금 더 싸면 좋았을 텐데.

じょゆう びじん
私があの女優のように美人だったらよかったな。(명사)

내가 저 여배우처럼 예쁘면 좋았을 텐데.

(3) ~たらどう？ ~하는 게 어때?

의미 ~たら？라고 줄여서 말하기도 하며 제안이나 충고할 때 사용

접속 Vた형 + らどう？

<ruby>留学<rt>りゅうがく</rt></ruby>については<ruby>先<rt>さき</rt></ruby>に<ruby>親<rt>おや</rt></ruby>と<ruby>相談<rt>そうだん</rt></ruby>したらどう？

유학에 대해서는 먼저 부모님과 상의하는 게 어때?

<ruby>心配<rt>しんぱい</rt></ruby>なら<ruby>病院<rt>びょういん</rt></ruby>に<ruby>行<rt>い</rt></ruby>ってみたら？

걱정되면 병원에 가보는 게 어때?

(4) ~ようだったら ~할 것 같으면

의미 '~같은 일이 생길 듯 하면'이란 뜻으로서 상황이나 조건을 예시.

ようなら도 같은 의미

접속 V사전형/Vない형/イAい/ナAな/Nの + ようだったら

<ruby>遅<rt>おそ</rt></ruby>くなるようだったら<ruby>電話<rt>でんわ</rt></ruby>して。

늦어질 것 같으면 전화해. (V사전형)

<ruby>薬<rt>くすり</rt></ruby>を<ruby>飲<rt>の</rt></ruby>んでも<ruby>熱<rt>ねつ</rt></ruby>が<ruby>下<rt>さ</rt></ruby>がらないようだったらご<ruby>連絡<rt>れんらく</rt></ruby>ください。

약을 먹어도 열이 내리지 않을 경우에는 연락 주세요. (Vない형)

<ruby>明日<rt>てんき</rt></ruby>も<ruby>天気<rt>てんき</rt></ruby>が<ruby>悪<rt>わる</rt></ruby>いようだったらピクニックは<ruby>止<rt>や</rt></ruby>めよう。

내일도 날씨가 안 좋을 듯하면 피크닉은 그만두자. (イ형용사)

02. 여러 가지 의미가 있는 단어들

43. から

(1) ~からこそ　~때문이야말로

의미　から(~때문에)에 강조를 의미하는 こそ(~야말로)가 붙어 이유를 강조

접속　V·イA·ナA·N 보통형 + からこそ

つまらない日常があるからこそ休みが楽しいものだ。

지루한 일상이 있기 때문이야말로 휴가가 즐거운 것이다. (동사)

今回の旅行は大変だったからこそいい思い出になった。

이번 여행은 힘들었기 때문이야말로 좋은 추억이 되었다. (ナ형용사)

一度しかない人生だからこそ色んなことに挑戦してみたい。

한 번밖에 없는 인생이기 때문이야말로 여러 가지 일에 도전해보고 싶다. (명사)

(2) ~からには　~한 이상(에는)

의미　'~했으면 꼭', '~라면 분명' 등 어떤 발언, 결정, 상황을 강조

접속　V·イA·ナA·N 보통형 + からには(단, N·ナA 현재 긍정에서는 だ → である)

自分で「やります」と言ったからには最後までやらなきゃ。

본인이 "하겠습니다"라고 말한 이상 끝까지 해야지. (동사)

ここまで安いからにはなんか問題があるはずだ。

이렇게까지 싼 것을 보면 분명 무언가 문제가 있는 것이 분명하다. (イ형용사)

自分の仕事であるからには最後までやらないといけない。

자신의 일인 이상 끝까지 하지 않으면 안된다. (명사)

(3) ~てからでないと ~한 다음이 아니면

의미 '~하고 나서가 아니면', 즉 ' ~하기 전에는'이라는 의미. 조건을 제시

접속 Vて형 + からでないと

検^{けんさ}査してからでないと、どんな病^{びょうき}気なのか分からない。

검사하기 전에는 어떤 병인지 알 수 없다.

会^{かいいん}員になってからでないと本^かは借りられません。

회원이 된 다음이 아니면 책은 빌릴 수 없습니다.

(4) ~からすると ~를 보면(근거)

의미 ① ~을 근거로 하여 판단하자면 ② ~의 입장에서 보면

　　　からすれば, からして도 같은 의미

접속 N + からすると·からすれば·からして

二^{ふたり}人の性^{せいかく}格からすると、あまり似^{にあ}合わないのに。

두 사람의 성격을 보면 그다지 어울리지 않는데. (의미①)

デザインからして、これは1950年^{ねんだい}代の車^{くるま}のようだ。

디자인을 보면 이것은 1950년대의 자동차인 것 같다. (의미①)

日本人からすると彼の発^{はつおん}音はちょっと変^{へん}かもね。

일본인 입장에서 보면 그의 발음은 조금 이상할 지도 모르겠네. (의미②)

44. だけ

(1) ~だけで ~만으로

의미 ① 한정된 조건을 표현 ② 동사와 함께 쓰이면 '~하는 것만으로'라는 의미

접속 V·イA 보통형/ナA 명사수식형/N + だけで

^{けっこんしき}
結婚式に来てくれた<mark>だけで</mark>もありがたいよ。(동사)

결혼식에 와 준 것만으로도 고마워. (의미②)

^{かいしゃ きゅうりょう たか} ^{まんぞく}
会社は給料が高い<mark>だけで</mark>満足できるものではない。(イ형용사)

회사는 월급이 많은 것만으로 만족할 수 있는 것이 아니야. (의미①)

ご飯はそれ<mark>だけで</mark>いい？もうちょっと食べる？(명사)

밥은 그것만으로 괜찮아? 좀 더 먹을래? (의미①)

(2) ~だけでなく ~뿐만 아니라

의미 뒤에 も, まで 등이 나와 '~뿐 아니라 ~까지'라는 형태로 자주 사용

접속 V·イA 보통형/ナA 명사수식형/N + だけでなく

^{か しゅ} ^{あくしゅ}
歌手のサインをもらった<mark>だけでなく</mark>握手までした。(동사)

가수의 사인을 받은 것뿐만 아니라 악수까지 했다.

^{い ねむ うんてん めいわく} ^{き けん}
「居眠り運転」は迷惑な<mark>だけでなく</mark>危険だ。(ナ형용사)

'졸음운전'은 민폐일 뿐 아니라 위험하다.

^{きょう かさ} ^{さい ふ わす}
今日は傘<mark>だけでなく</mark>財布も忘れてきた。(명사)

오늘은 우산뿐 아니라 지갑도 놓고 왔다.

02. 여러 가지 의미가 있는 단어들

45. ところ

(1) ~ところに ~했을 때에

의미 어떤 일을 하거나 어떤 상황이 생겼을 때 마침 또다른 일이 일어난 경우

접속 V보통형/イAい + ところに

ちょうど宿題が終わった**ところに**ドラマが始まった。(동사)

마침 숙제가 끝났을 때 드라마가 시작했다.

母が家に入ってきた**ところに**雨が降り始めた。(동사)

엄마가 집에 들어오자 비가 내리기 시작했다.

ちょうどいい**ところに**友達が手伝いに来てくれた。(イ형용사)

딱 좋은 상황에 친구가 도와주러 와 주었다.

(2) ~たところ 방금 ~한

의미 무언가의 행동이 끝나고 시간이 얼마 지나지 않은 상황

접속 Vた형 + ところ

「何をしていた？」「ご飯を食べた**ところ**だよ。」

"뭐하고 있었어?" "방금 밥 먹었어."

あら、今あなたについて話していた**ところ**だよ。

어머, 지금 너에 대한 이야기를 하던 참이었어.

46. はず

(1) ~はずだ 분명히 ~일 것이다

의미 자신이 가진 정보, 기존의 경험 등에 근거한 강한 추측이나 확신

접속 V·イA 보통형/ナA·N 명사수식형 + はずだ

若い時の苦労はいつか必ず役立つはずだ。(동사)

젊은 시절의 고생은 언젠가 꼭 도움이 될 것이다.

彼は真面目だから成績がいいはずだ。(イ형용사)

그는 성실하니까 분명 성적이 좋을 것이다.

彼は5年も留学したから日本語が上手なはずだ。(ナ형용사)

그는 5년이나 유학했으니까 일본어를 잘 할 거야.

(2) ~はずがない ~할 리가 없다

의미 자신이 가진 정보, 기존의 경험 등에 근거한 강한 '부정적' 추측이나 확신

접속 V·イA 보통형/ナA·N 명사수식형 + はずがない

親友のAが私の悪口を言ったはずがない。(동사)

절친한 친구 A가 내 험담을 했을 리가 없다.

三日前に買った野菜が新鮮なはずがない。(ナ형용사)

3일 전에 산 야채가 신선할 리가 없다.

彼はアリバイがあるので、犯人のはずがない。(명사)

그는 알리바이가 있으니까 범인일 리가 없다.

47. もの

(1) ~ものか ~하겠냐? (절대 안 한다)

의미 반문의 형태로 강한 반발, 부정적 기분을 표현. 구어체로 もんか도 사용

접속 V·イA보통형/ナA·N명사수식형 ＋ものか(명사 현재 긍정은 Nの → Nな)

私があんなやつに負ける**ものか**。(동사)

내가 저런 녀석한테 지겠냐?(절대 지지 않는다)

宿題ばかりの授業が楽しい**ものか**。(イ형용사)

숙제만 잔뜩인 수업이 즐거울 리가 있나.

明日が試験なのに暇な**もんか**。(명사/ナ형용사)

내일부터 시험인데 여유가 있겠냐.

(2) ~もの(もん) ~하거든

의미 ~한다고, ~인 걸 등 무언가의 이유를 다소 어리광부리며 말하는 구어체 표현

접속 V·イA·ナA·N 보통형 ＋ もの(もん)

会社の飲み会は行きたくない**もの**。(동사)

회사의 회식은 가고 싶지 않거든.

「食べないの？」「辛い**もの**は嫌いだ**もん**。」(ナ형용사)

"안 먹어?" "매운 거는 싫어한다고."

「あなた、まだ寝ているの？」「昨日から風邪だ**もん**。」(명사)

"너, 아직도 자고 있어?" "어제부터 감기라고."

48. ~にとって ~에게 있어

의미 '~의 관점이나 입장에서 생각하면(보면)'이라는 의미로 사용

접속 N + にとって

私にとって一番大事なのは家族です。

저에게 있어서 가장 중요한 것은 가족입니다.

彼女にとっては彼が初めての彼氏だったそうだ。

그녀에게 있어서는 그가 첫 번째 남자친구였다고 한다.

49. ~として ~로서

의미 자격, 지위, 용도 등을 나타내는 것으로서 특히 그것을 강조하는 뉘앙스

접속 N + として

韓国のチェジュ島はみかんの産地として有名だ。

한국 제주도는 귤의 산지로서 유명하다.

これは傘としても、日傘としても使えるものだ。

이것은 우산으로서도, 양산으로서도 쓸 수 있는 것이다.

50. ~くせに ~인 주제에(비난)

의미 상대방에 대한 비판, 비난, 불만 등을 표현. 때론 비하하는 표현이 되기도 함

접속 V·イA 보통형/ナA·N명사수식형 + くせに

ちっとも手伝ってくれないくせに文句ばかり言う。 (동사)

조금도 도와주지 않으면서 불평만 한다.

「女のくせに」、「男のくせに」と言うのは時代遅れだ。 (명사)

"여자 주제에", "남자 주제에"라고 말하는 것은 시대에 뒤떨어진다.

03. 다양한 표현들, 어휘력 늘리기

51. ~なんか ~같은 것, ~따위

의미 ① 단순히 무언가를 예를 들 때 ② 무시하거나 싫어하는 감정을 표현

접속 Vて형/イAく/ナAで/N + なんか

少し寂しいけど、泣いてなんかないよ。(동사)

조금 쓸쓸하지만 울고 있거나 하진 않아. (의미①)

エアコンがついていて全然暑くなんかなかった。(イ형용사)

에어컨이 켜 있어서 전혀 덥거나 하지 않았다. (의미①)

あなたなんかもう嫌だ。別れよう。(명사)

너 따위 이제는 싫다. 헤어지자. (의미②)

52. ~代わり(に) ~대신에

의미 무언가를 대신하여 다른 물건 혹은 행동 등을 취하는 경우

접속 V·イA 보통형/ナA명사수식형/Nの + 代わりに

あの犬は飼い主を救った代わりに命を失った。(동사)

그 개는 주인을 구한 대신 목숨을 잃었다.

今の会社は給料が高い代わりに残業が多い。(イ형용사)

지금 (다니는) 회사는 월급이 많은 대신 야근이 많다.

今朝はご飯の代わりにパンを食べた。(명사)

오늘 아침은 밥 대신에 빵을 먹었다.

53. ~をもとに ~을 바탕으로

의미 ~을 소재, 근거로 하여. 또는 '~에서 힌트를 얻어'라는 의미

접속 N + をもとに(して)

今までの<ruby>経験<rt>けいけん</rt></ruby>をもとに<ruby>小説<rt>しょうせつ</rt></ruby>を書いている。

지금까지의 경험을 바탕으로 소설을 쓰고 있다.

アンケートの<ruby>結果<rt>けっか</rt></ruby>をもとに<ruby>報告書<rt>ほうこくしょ</rt></ruby>を書きました。

앙케트 결과를 바탕으로 보고서를 썼습니다.

54. ~を中心に ~을 중심으로

의미 ~에 초점을 맞추어. ~を中心にして, ~を中心として도 사용

접속 N + を中心に

この家はリビングを<ruby>中心<rt>ちゅうしん</rt></ruby>に<ruby>四<rt>よっ</rt></ruby>つの<ruby>部屋<rt>へや</rt></ruby>があります。

이 집은 거실을 중심으로 4개의 방이 있습니다.

<ruby>担当者<rt>たんとうしゃ</rt></ruby>は<ruby>事業内容<rt>じぎょうないよう</rt></ruby>を中心にして会社を<ruby>紹介<rt>しょうかい</rt></ruby>した。

담당자는 사업 내용을 중심으로 하여 회사를 소개했다.

55. ~を込めて ~을 담아

의미 주로 정성, 사랑, 성의 등 마음에 관련된 단어와 사용

접속 N + を込めて

<ruby>愛<rt>あい</rt></ruby>を込めてバレンタインデーのチョコを作った。

사랑을 담아 밸런타인데이의 초콜릿을 만들었다.

<ruby>友達<rt>ともだち</rt></ruby>の<ruby>結婚式<rt>けっこんしき</rt></ruby>で<ruby>心<rt>こころ</rt></ruby>を込めて<ruby>歌<rt>うた</rt></ruby>を<ruby>歌<rt>うた</rt></ruby>った。

친구의 결혼식에서 마음을 담아 노래를 불렀다.

56. ～てしょうがない 너무 ～하다

의미 참을 수 없을 정도로 ~하다는 강한 감정을 표현

접속 Vて형/イAくて/ナAで + しょうがない

二人のことが気になっ**てしょうがない**。(동사)

두 사람의 일이 너무 신경 쓰인다.　＊気になる 신경 쓰이다

風邪を引いたのか、眠く**てしょうがない**。(イ형용사)

감기에 걸린 건지 너무 졸려서 참을 수가 없다.

仕事はいいけど残業と飲み会が嫌**でしょうがない**。(ナ형용사)

일은 좋지만 야근과 회식이 너무 싫어서 미치겠다.

57. ～ような気がする ～같은 느낌이 든다

의미 ~와 같은 생각이 들다, ~할 듯한 예감이 들다 등 막연한 느낌을 표현

접속 V·イA보통형/ナA·N명사수식형 + ような気がする

今のあなたの気持ちが分かる**ような気がする**。(동사)

지금의 네 기분을 알 것 같은 느낌이 든다.

私が悪かった**ような気がする**。でも謝りたくない。(イ형용사)

내가 나빴던 것 같은 기분이 들어. 하지만 사과하고 싶지 않아.

彼が好きなのは私ではなくあなたの**ような気がする**。(명사)

그 사람이 좋아하는 건 내가 아니라 너인 것 같아.

58. ~てもかまわない ~해도 괜찮다

의미 ~해도 개의치 않는다, 상관없다, 문제없다 등. 허가 또는 여유로운 기분을 표현

접속 Vて형/イAくて/ナAで/Nで + もかまわない

明日は暇なのでいつ来<u>てもかまわない</u>。 (동사)

내일은 한가하니까 언제 와도 괜찮다.

本当にいいものなら高く<u>てもかまわない</u>。 (イ형용사)

정말 좋은 물건이면 비싸도 상관없다.

遅い時間<u>でもかまわない</u>から電話してね。 (명사)

늦은 시간이라도 괜찮으니까 전화해.

59. ~ふりをする ~인 척을 하다

의미 실제로는 ~하지 않는데 ~인 것처럼 꾸며서 행동하는 모습을 표현

접속 V·イA보통형/ナA·N명사수식형 + ふりをする

何でも知っている<u>ふりをする</u>人は嫌いだ。 (동사)

무엇이든 다 알고 있는 척하는 사람은 싫다.

平気な<u>ふりをして</u>いたが実はとても怖かった。 (ナ형용사)

괜찮은 척하고 있었지만, 사실은 굉장히 무서웠다.

今も老人に息子の<u>ふりをして</u>お金を取る犯罪が多い。 (명사)

지금도 노인에게 아들인 척해서 돈을 받아 내는 범죄가 많다.

60. たとえ~ても 만약 ~라도

의미 '~라고 해도 ~하다', '~에도 불구하고 ~하다' 등의 표현에 사용

접속 たとえ + (Vて형/イAくて/ナAで/Nで) + も

たとえ宝くじに当たっても今の生活を変えたくはない。

만약 복권에 당첨되더라도 지금의 생활을 바꾸고 싶지는 않다. (동사)

たとえ給料が安くても自分が成長できる仕事ならやりたい。

만약 월급이 적더라도 내가 성장할 수 있는 일이라면 하고 싶어. (イ형용사)

たとえ狭くて不便な家でも一人暮らしができたらそれでいい。

예를 들어 좁고 불편한 집이라도 혼자 살 수 있다면 그걸로 좋아. (명사)

61. どんなに~ても 아무리 ~해도

의미 정도가 매우 심한 상황을 가정. どんなに 대신 いくら도 사용

접속 どんなに·いくら + (Vて형/イAくて/ナAで/Nで) + も

どんなに大変なことがあっても諦めたくない。(동사)

아무리 힘든 일이 있어도 포기하고 싶지 않다.

どんなに暑くてもエアコンをつけないお祖母さん。(イ형용사)

아무리 더워도 에어컨을 켜지 않는 할머니.

自分で決めたことはいくら大変でも最後までやる。(ナ형용사)

스스로 결정한 일은 아무리 힘들어도 끝까지 한다.

62. べつに~ない 특별히 ~하지 않다

의미 딱히 ~하지 않다, 꼭 ~하지 않다 등 약한 '정도'를 표현. 한자 別に로 쓰기도 함

접속 べつに + (Vない형/イAく/ナAでは/Nでは) + ない

忙<small>いそが</small>しいなら<mark>べつに</mark>一緒<small>いっしょ</small>に行<small>い</small>か<mark>なくても</mark>いいよ。 (동사)

바쁘면 굳이 같이 가지 않아도 괜찮아.

今日、雪<small>ゆき</small>は降<small>ふ</small>っているけど<mark>べつに</mark>寒<small>さむ</small>く<mark>ない</mark>よ。 (イ형용사)

오늘 눈은 내리고 있지만 별로 춥지 않아.

肉<small>にく</small>は<mark>べつに</mark>嫌<small>きら</small>いでは<mark>ない</mark>けど、あまり食べない。 (ナ형용사)

고기는 특별히 싫어하는 것은 아니지만 별로 먹지 않는다.

63. どうせ~から 어차피 ~이니까

의미 '결국 ~일 테니까'. 주로 부정적 추측. 뒤에는 주로 의지, 충고, 권유 등의 내용

접속 どうせ + (V・イA・ナA・N 보통형) + から

<mark>どうせ</mark>私の話<small>はなし</small>は信<small>しん</small>じてくれない<mark>から</mark>言いたくない。

어차피 내 말은 믿어 주지 않으니까 말하고 싶지 않다. (동사)

「デパートは<mark>どうせ</mark>高<small>たか</small>い<mark>から</mark>」と思<small>おも</small>って行<small>い</small>かない人<small>ひと</small>もいる。

"백화점은 어차피 비싸니까"라고 생각해서 가지 않는 사람도 있다. (イ형용사)

あなたは<mark>どうせ</mark>合格<small>ごうかく</small>だ<mark>から</mark>心配<small>しんぱい</small>しないで。

너는 어차피 합격이니까 걱정하지 마라. (명사)

03. 다양한 표현들, 어휘력 늘리기

64. ~だらけ　~투성이

의미 '~으로 가득하다'라는 의미로서 주로 부정적인 내용에 사용

접속 N + だらけ

<ruby>弟<rt>おとうと</rt></ruby>の<ruby>部屋<rt>へや</rt></ruby>はいつもほこり**だらけ**だった。 ＊ ほこり 먼지

남동생의 방은 언제나 먼지투성이였다.

<ruby>携帯<rt>けいたい</rt></ruby>を<ruby>何回<rt>なんかい</rt></ruby>も<ruby>落<rt>お</rt></ruby>として<ruby>傷<rt>きず</rt></ruby>**だらけ**になりました。 ＊ 傷 흠집, 상처

휴대폰을 몇 번이나 떨어트려서 흠집투성이가 되었어요.

65. ~はもちろん　~은 물론

의미 '~은 당연하고'라는 의미. '~은 물론 ~까지' 의 형태로 자주 사용

접속 N + はもちろん

JLPTのために<ruby>文法<rt>ぶんぽう</rt></ruby>は**もちろん**<ruby>漢字<rt>かんじ</rt></ruby>も<ruby>勉強<rt>べんきょう</rt></ruby>しています。

JLPT를 위해서 문법은 물론이고 한자도 공부하고 있어요.

<ruby>今月<rt>こんげつ</rt></ruby>は<ruby>平日<rt>へいじつ</rt></ruby>は**もちろん**<ruby>週末<rt>しゅうまつ</rt></ruby>も<ruby>仕事<rt>しごと</rt></ruby>で<ruby>忙<rt>いそが</rt></ruby>しかった。

이번 달은 평일은 물론이고 주말도 일하느라 바빴다.

66. ~たびに　~할 때마다

의미 '~한 상황이 되면 언제나'라는 의미로서 변함없이 반복되는 일을 표현

접속 V사전형/Nの + たびに

この<ruby>映画<rt>えいが</rt></ruby>は<ruby>見<rt>み</rt></ruby>る**たびに**<ruby>涙<rt>なみだ</rt></ruby>が<ruby>出<rt>で</rt></ruby>る。(동사)

이 영화는 볼 때마다 눈물이 난다.

<ruby>子供<rt>こども</rt></ruby>の<ruby>頃<rt>ころ</rt></ruby>、<ruby>父<rt>ちち</rt></ruby>は<ruby>出張<rt>しゅっちょう</rt></ruby>の**たびに**お<ruby>土産<rt>みやげ</rt></ruby>を<ruby>買<rt>か</rt></ruby>ってきた。(명사)

어릴 때 아버지는 출장을 갈 때마다 기념품을 사 왔다.

67. ~通^{とお}り ~(하는)대로

의미 ① 동사와 연결해서 쓰면 '~하는 대로' ② 명사와 쓰이면 '~대로'

접속 V사전형/Vた형/N(の) + 通り (N+通り일 때는 どおりで 읽음)

最近、仕事^{しごと}が思う通^{とお}りにならない。(V사전형)

요즘 일이 생각하는 대로 되지 않는다. (의미①)

昨日言った通^{とお}りに今日は映画^{えいが}を見に行くつもりだ。(Vた형)

어제 말한 대로 오늘은 영화를 보러 갈 생각이다. (의미①)

午後^{ゆき}から雪が降^ふってきた。天気予報^{てんきよほうどお}通りだった。(명사)

오후부터 눈이 오기 시작했다. 일기예보대로였다. (의미②)

68. ~得^うる ~할 수(도) 있다

의미 '~할 가능성이 있다'라는 의미. 得ます는 えます로 읽음

접속 Vます형 + 得る

事故^{じこ}はどこでも起^おこり得^うることだから気をつけて。

사고는 어디서든 일어날 수 있는 것이니 조심해.

内容^{ないよう}によっては軽^{かる}い冗談^{じょうだん}もセクハラになり得^えます。

내용에 따라서는 가벼운 농담도 성희롱이 될 수 있습니다.

69. ~きる ~끝까지 다 ~하다

의미 '완전히/전부 ~하다'라는 뜻. '전부 ~할 수 있다'는 Vます형 + きれる

접속 Vます형 + きる

パン5個^こをたった5分^{ふん}で食べきった。

빵 5개를 겨우 5분 만에 다 먹었다.

03. 다양한 표현들, 어휘력 늘리기

昨日買った小説は面白くて1日で読みきった。
<small>しょうせつ　おもしろ　いちにち</small>

어제 산 소설책은 재미있어서 하루에 끝까지 다 읽었다.

親にはいくら感謝しても感謝しきれない。
<small>かんしゃ</small>

부모님에게는 아무리 감사해도 다 하지 못한다.(부족하다)

70. ~直す 다시 ~하다
<small>なお</small>

의미 이미 했던 것에 오류나 불만이 있어서 수정하거나 처음부터 다시 하는 것

접속 Vます형 + 直す

先生が私の作文を書き直してくれた。
<small>さくぶん</small>

선생님이 내 작문을 고쳐 써 주었다. (수정해 주었다).

顔に化粧が残っていて寝る前に洗い直した。
<small>かお　けしょう　のこ　　　　　　　　　あら</small>

얼굴에 화장이 남아 있어서 자기 전에 다시 씻었다.

71. ~たて 방금 ~한

의미 방금 막 ~가 끝난. 빵, 밥 등 음식에 대해 주로 사용

접속 Vます형 + たて(뒤에 나오는 명사를 수식할 때는 Vます형 + たての + N)

近所に焼きたてのパンを売るパン屋がある。
<small>きんじょ　や　　　　　　　　　　　　　　や</small>

근처에 갓 구운 빵을 파는 빵집이 있다.

このチヂミ、できたてで熱いからゆっくり食べて。
<small>あつ</small>

이 부침개, 방금 만든 것이라 뜨거우니까 천천히 먹어.

72. ~かどうか ~인지 아닌지

의미 어떤 사안에 대하여 확신이 없거나 결정하지 못해 고민하는 상황

접속 V·A·N보통형 + かどうか(단, 현재 긍정에서 ナA, N 뒤의 だ는 생략)

卒業(そつぎょう)できるかどうかまだ分からない。(동사)

졸업할 수 있을지 어떨지 아직 모른다.

私が言う日本語が正(ただ)しいかどうか自信(じしん)がない。(イ형용사)

내가 말하는 일본어가 맞는지 아닌지 자신이 없다.

本当に必要(ひつよう)かどうか考えてから買ったほうがいい。

정말로 필요한지 아닌지 생각한 다음에 사는 게 좋다. (명사/ナ형용사)

73. ~かのように (마치) ~인 것처럼

의미 사실이 아니란 것을 알고 있지만 그럼에도 '마치 ~인 것 같다'라는 느낌

접속 V·イA·ナA·N 보통형(단, ナAだ → ナA어간である, Nだ → Nである)

3月(がつ)なのに冬(ふゆ)が戻(もど)ってきたかのように寒かった。

3월인데 마치 겨울이 돌아온 것처럼 추웠다. (동사)

母は入院(にゅういん)の時(とき)も元気(げんき)であるかのようにいつも笑顔(えがお)だった。

엄마는 입원 중에도 마치 건강한 것처럼 항상 웃는 얼굴이었다. (ナ형용사)

今(いま)までのことがすべて夢(ゆめ)だったかのように思われる。

지금까지의 일이 모두 꿈이었던 것처럼 생각된다. (명사)

74. ~って ~라는, ~라는 것은

의미 ~라고 부르는 것은, ~라고 하는 것은. 편안한 대화에서 쓰는 구어체 표현

접속 인용문/N + って

「ロッテワールド」**って**テーマパークはどこにある？

'롯데월드'라는 테마파크는 어디에 있어? (명사)

「<ruby>空<rt>そら</rt></ruby>を<ruby>飛<rt>と</rt></ruby>ぶ」**って**どんな<ruby>気持<rt>きも</rt></ruby>ちなのか知りたい。

'하늘을 날다'라는 것은 어떤 기분일지 알고 싶다. (인용문)

75. ~っけ？ ~였더라?

의미 확실하게 기억나지 않는 내용을 상대방에게 확인하는 구어체 표현

접속 V·イA·ナA·N 보통형 + っけ？

<ruby>今週<rt>こんしゅう</rt></ruby>の<ruby>会議<rt>かいぎ</rt></ruby>は<ruby>何曜日<rt>なんようび</rt></ruby>だと言いました**っけ**？ (동사)

이번 주 회의는 무슨 요일이라고 했었죠?

ここのパンケーキがこんなに<ruby>美味<rt>おい</rt></ruby>しかった**っけ**？ (イ형용사)

여기 팬케이크가 이렇게 맛있었나?

あの<ruby>俳優<rt>はいゆう</rt></ruby>、<ruby>名前<rt>なまえ</rt></ruby>が<ruby>何<rt>なん</rt></ruby>だった**っけ**？<ruby>思<rt>おも</rt></ruby>い<ruby>出<rt>だ</rt></ruby>せない。 (명사)

저 배우 이름이 뭐였더라? 기억이 안 나.

Chapter 4.

N2
필수 문법

01. 비슷한 표현들 비교하며 이해하기

01. ~げ ~한 듯한

의미 조금 ~한 느낌이 드는, 살짝 ~한 분위기가 느껴지는 모습.

접속 イA어간/ナA어간 + げ (예외 : 동사 ある→ありげ)

何があったのか、母が寂しげな目をしている。 (イ형용사)

무슨 일이 있었는지, 엄마가 쓸쓸한 눈빛을 하고 있다.

娘がなぜか不安げな顔で走ってきた。 (ナ형용사)

딸아이가 무슨 일인지 불안한 얼굴로 달려 왔다.

投手が自信ありげな様子で登場した。 (예외)

투수가 자신 있는 듯한 모습으로 등장했다.

02. ~気味 다소 ~한 느낌이 있다

의미 어떤 경향, 기운, 분위기가 조금 느껴지는 모습, 상태.

접속 Vます형/N + 気味

最近、A社の株価は下がり気味だ。 (동사)

최근 A회사의 주가는 다소 하락 경향이다.

今日は風邪気味なので早く帰るつもりだ。 (명사)

오늘은 감기 기운이 있어서 일찍 집에 갈 생각이다.

03. ~っぽい ~같은, ~이 많은

의미 ① 특정 요소가 많이 포함된 ② 어떤 경향이 매우 강한

③ 동사와 쓰이면 '자주 ~하다'

접속 Vます형/イA어간/ナA어간/N + っぽい

部長は怒りっぽい性格だからあまり話したくない。 (동사)

부장은 화를 잘 내는 성격이라 별로 말하고 싶지 않다. (의미③)

このカバンは素材が安っぽくて嫌だ。(イ형용사)

이 가방은 소재가 싸구려 같아서 싫다. (의미②)

中華料理はおいしいけど、油っぽい。(명사)

중화요리는 맛있지만 기름기가 많다. (의미①)

* ~げ & ~気味 & ~っぽい

~げ와 ~気味는 둘 다 '다소 ~한 분위기/느낌이 있다'라는 뜻이지만 ~げ는 형용사 어간과 함께, 気味는 동사의 ます형, 명사와 함께 사용합니다. 또한, 気味는 자기 자신의 상태, 타인의 모습을 설명할 때 모두 사용하지만 ~げ는 자신이 아닌 타인의 모습을 설명할 때만 사용합니다. 특히 気味는 부정적인 내용에 쓰는 경우가 많습니다.

~っぽい는 ~성분이 많다, ~경향이 짙다는 의미로, アニメのような絵라고 하면 단순히 '애니메이션 같은 그림', アニメっぽい絵라고 하면 '애니메이션의 느낌이 매우 강한 그림'으로서 조금 더 강조됩니다.

04. ~とたん ~하자마자

의미 무언가를 하자마자 곧바로 예상하지 못했던 의외의 일이 일어난 상황

접속 Vた형 + とたん (한자 途端으로 쓰기도 함)

ご飯を食べたとたん眠ってしまった。

밥을 먹자마자 잠들어 버렸다.

家に着いたとたん、雨がざあざあ降り始めた。

집에 도착하자마자 비가 쫙쫙 내리기 시작했다.

05. ~か~ないかのうちに ~하자마자

의미 두 가지 일이 거의 동시에 일어난 경우로, 뒤에 의지나 명령 표현은 사용하지 않음

접속 V사전형/Vた형 + か + Vない형 + ないかのうちに

ベッドに入^{はい}るか入^{はい}らないかのうちに眠^{ねむ}ってしまった。

침대에 들어가자 마자 잠들어 버렸다.

話^{はなし}が終^おわったか終^おわらないかのうちに電話^{でんわ}を切^きった。

이야기가 끝나자마자 전화를 끊었다.

06. ~かと思^{おも}ったら ~한 듯 하더니 곧바로

의미 어떤 행동, 상황이 끝나는 것과 거의 동시에 또 다른 일이 일어난 경우

접속 Vた형 + かと思ったら

雨^{あめ}が止^やんだかと思ったら、雪^{ゆき}が降^ふり出^だした。

비가 그쳤나 싶더니 갑자기 눈이 내리기 시작했다.

やっと終^おわったかと思ったら、また新^{あたら}しい仕事^{しごと}が入^{はい}った。

드디어 끝났나 했더니 또 새로운 일이 들어 왔다.

* ~か~ないかのうちに & ~とたん & ~かと思ったら

세 표현 모두 '~하자마자'라고 번역되는 경우가 많고 비슷한 의미이지만 엄밀하게 구분하면 두 가지 행동의 순서가 확실한지 아닌지의 차이가 있습니다. ベッドに入るか入らないかのうちには 잠이 든 것과 침대에 들어간 것 중 어느 것이 먼저였는지 확실하지 않지만 ベッドに入ったとたんは 침대에 들어간 다음에 곧바로 잠이 든 것을 말합니다. ~かと思ったらと とたんは 둘 다 어떤 일이 일어난 다음에 또 다른 일이 생긴 상황이지만 とたんの 좀 더 '갑작스러운' 느낌이 강합니다.

07. ~てたまらない 너무 ~해서 견딜 수가 없다

의미 견딜 수 없을 정도로 강하게 느껴지는 감정을 표현 (=しょうがない, p.123)

접속 Vて형/イAくて/ナAで + たまらない

新しい<ruby>靴<rt>くつ</rt></ruby>を<ruby>履<rt>は</rt></ruby>いたら<ruby>足<rt>あし</rt></ruby>が<ruby>痛<rt>いた</rt></ruby>くてたまらない。 (イ형용사)

새 신발을 신었더니 발이 아파서 견딜 수가 없다.

<ruby>学校<rt></rt></ruby>の<ruby>先輩<rt>せんぱい</rt></ruby>が<ruby>好<rt>す</rt></ruby>きでたまらない。 (ナ형용사)

학교 선배가 너무 좋아서 미치겠다.

<ruby>明日<rt></rt></ruby>が<ruby>受験<rt>じゅけん</rt></ruby>なので<ruby>心配<rt>しんぱい</rt></ruby>でたまらない。 (명사/ナ형용사)

내일이 입학시험이라 너무 걱정된다.

08. ~ずにはいられない ~하지 않을 수 없다

의미 아무리 참으려고 해도 결국 하고 싶어지거나 행동을 하게 되는 상황

접속 Vない형 + ずに(は)いられない (참고 : する → せずに)

あのコンサートでは<ruby>歓声<rt>かんせい</rt></ruby>を<ruby>上<rt>あ</rt></ruby>げずにはいられない。

그 콘서트에서는 함성을 지르지 않을 수 없다.

<ruby>今回<rt></rt></ruby>の<ruby>試合<rt>しあい</rt></ruby>は<ruby>注目<rt>ちゅうもく</rt></ruby>せずにはいられない。

이번 시합은 주목하지 않을 수가 없다.

09. ~てならない 너무 ~하다

의미 일부러 애쓰지 않아도 자연스럽게 생기는 강한 감정, 기분을 표현

접속 Vて형/イAくて/ナAで + ならない

ドラマの<ruby>続<rt>つづ</rt></ruby>きが<ruby>気<rt>き</rt></ruby>になってならない。 (동사)

드라마의 다음 내용이 너무 궁금하다.

最近_{さいきん}はこのモバイルゲームが楽_{たの}しくてならない。 (イ형용사)

요즘은 이 모바일 게임이 너무 재미있다.

いい俳優_{はいゆう}だったのに自殺_{じさつ}なんて残念_{ざんねん}でならない。 (ナ형용사)

좋은 배우였는데 자살이라니, 너무 안타깝다.

* たまらない & ずにはいられない & ならない

세 표현 모두 '너무 ~하다'라는 뜻입니다. 단, たまらない, ずにはいられない는 외부 자극으로 인해 생긴 감정, 느낌이 참을 수 없을 정도로 강할 때, ならない는 어떤 상황에서 '자연스럽게' 생겨나는 감정에 주로 쓴다는 견해가 있습니다. 한편 ずにはいられない와 ならない는 문어체로서 일상 회화에서는 대부분 たまらない、しょうがない(p.123)를 사용합니다.

10. ~最中_{さいちゅう}   한창 ~하는 중

의미 무언가를 한창 바쁘게 진행하고 있는 상황을 표현

접속 Vている/Nの + 最中

勉強_{べんきょう}をしている**最中**に友達_{あそ}が遊びに来た。 (동사)

한창 공부를 하고 있을 때 친구가 놀러 왔다.

花見_{はなみ}の**最中**に会社から呼_よばれて先_{さき}に帰った。 (명사)

한창 꽃구경을 하고 있을 때 회사에서 연락이 와서 먼저 돌아왔다.

11. ~うちに ~한 동안에

의미 어떠한 상황, 상태가 계속 이어지고 있는 한정된 기간

접속 V사전형/Vている/イAい/ナAな/Nの + うちに

日本_{にほん}にいる**うちに**JLPTのN1を取_とるつもりです。 (동사)

일본에 있는 동안에 JLPT N1을 딸 생각이에요.

親が元気な<ruby>おや<rt>おや</rt></ruby>うちに一緒にあちこち旅行をしたい。(ナ형용사)

親<ruby><rt>おや</rt></ruby>が元気<ruby><rt>げんき</rt></ruby>なうちに一緒<ruby><rt>いっしょ</rt></ruby>にあちこち旅行<ruby><rt>りょこう</rt></ruby>をしたい。(ナ형용사)

부모님이 건강할 때 같이 여기저기 여행을 하고 싶다.

学生<ruby><rt>がくせい</rt></ruby>のうちに色<ruby><rt>いろ</rt></ruby>んな経験<ruby><rt>けいけん</rt></ruby>をするのもいい。(명사)

학생인 동안에 여러가지 경험을 하는 것도 좋아.

12. ~かけの・かける　~하던 도중의

의미 어떤 동작을 하다가 도중에 멈춘 모습, 혹은 계속되던 상황이 중단된 상태

접속 Vます형 + かけの・かける

飲<ruby><rt>の</rt></ruby>みかけのコーラーが置<ruby><rt>お</rt></ruby>いてあった。

마시다 만 콜라가 놓여 있었다.

家<ruby><rt>いえ</rt></ruby>の前<ruby><rt>まえ</rt></ruby>に死<ruby><rt>し</rt></ruby>にかけの猫<ruby><rt>ねこ</rt></ruby>がいて病院<ruby><rt>びょういん</rt></ruby>に連<ruby><rt>つ</rt></ruby>れていった。

집 앞에 죽어가는 고양이가 있어서 병원에 데리고 갔다.

友達<ruby><rt>ともだち</rt></ruby>が言<ruby><rt>い</rt></ruby>いかけた話<ruby><rt>はなし</rt></ruby>が気<ruby><rt>き</rt></ruby>になる。

친구가 하다가 만 이야기가 신경 쓰인다.

* 最中 & うち & かけの

最中는 한창 무언가를 '하고 있는' 상황을 뜻하고, **うち**는 어떤 상태, 조건이 변하지 않고 '유지되고 있는' 기간을 뜻합니다.

예를 들어 음식을 대접하면서 "따뜻할 때 드세요"라는 표현은 暖<ruby><rt>あたた</rt></ruby>かいうちに召<ruby><rt>め</rt></ruby>し上<ruby><rt>あ</rt></ruby>がってください라고 말합니다. 즉, 따뜻한 상태가 변하지 않고 유지되고 있는 동안에 드시라는 뜻입니다. **若いうちには** 나이가 들어서 젊음이 사라지기 전, 젊음이 유지되는 동안을 의미합니다.

한편 ~かけの・かけた는 어떤 행동을 하다가 중간에 멈춘 것, 혹은 '아직 완전히 끝나지 않은 상태'를 표현합니다.

13. ~にすれば・したら・して ~의 입장에서 보면

의미 '~의 입장이라면', '~의 입장에서 생각한다면'으로서 상황을 가정해서 표현

접속 N + にすれば・したら・して

親の過度な期待は、子供にしたら苦痛だ。

부모의 과도한 기대는 아이 입장에서는 고통이다.

学生にすれば、試験はないほうがいいでしょう。

학생 입장에서 보면 시험은 없는 편이 좋겠지요.

14. ~からいえば・いうと・いって ~측면에서 말하자면

의미 ~의 관점/측면에서 생각하면(말하자면). 판단의 기준을 제시할 때 사용

접속 N + からいえば・いうと・いって

値段からいうと、この服が安くていい。

가격면에서 말하자면 이 옷이 저렴해서 좋다.

就職の面からいえば文系より理系のほうがいいかもしれない。

취업의 측면에서 본다면 문과보다 이과가 나을 지도 모른다.

15. ~から見れば・見ると・見て ~관점(혹은 입장)에서 보면

의미 '~의 입장/측면에서 보면'이라는 의미로 자신의 판단, 생각을 표현

접속 N + から見れば・見ると・見て

上司の私から見れば、彼は能力のある人だ。

상사인 내 관점에서 보면 그는 능력이 있는 사람이다.

あの車は性能だけではなくデザインの面から見ても最高だ。

저 차는 성능뿐만 아니라 디자인적인 면에서 봐도 최고다.

* ~にすれば & から見れば & ~からいえば

~にすれば는 '~의 입장에서'라는 의미이기 때문에 앞에 사람을 뜻하는 명사가 올 수 있지만 からいえば는 '~한 관점, 측면에서'로서 어떤 판단을 할 때의 기준을 말하는 것이기에 사람을 뜻하는 명사를 쓸 수 없습니다. 예를 들어, **社員にすれば**(사원 입장에서 보면)라는 표현은 가능하지만 **社員からいえば**는 쓸 수 없습니다. **社員の立場からいえば**라고 써야 합니다. ~から見れば는 '~입장'과 '~측면'이라는 두 가지 의미가 있어 사람을 뜻하는 명사, 그 이외의 명사 모두 올 수 있습니다.

16. ~に伴い ~와 함께

의미 ① A의 변화와 함께 B도 변화하는 상황 ② A라는 일과 B라는 일이 동시에 발생

접속 V사전형/N + に伴い

景気が悪化するに伴い、失業率も高くなってきた。(동사)

경기악화와 함께 실업률도 높아졌다. (의미①)

人口の増加に伴い、公害の問題も増える。(명사)

인구 증가와 함께 공해 문제도 증가한다. (의미①)

オフィスの移転に伴い社名も変更する予定です。(명사)

사무실 이전과 함께 사명도 변경할 예정입니다.(의미②)

17. ~につれて ~에 따라

의미 A가 변화하는 것과 함께 다른 B도 서서히 변화하는 상황

접속 V사전형/N + につれて

年を取るにつれて、体の消費カロリーは低くなる。

나이를 먹음에 따라 신체의 소비칼로리는 낮아진다.

山は高い<ruby>登<rt>のぼ</rt></ruby>るところに登る<mark>につれて</mark><ruby>気圧<rt>き あつ</rt></ruby>が低くなる。

산은 높이 올라갈수록 기압이 낮아진다.

18. ~に<ruby>沿<rt>そ</rt></ruby>って・<ruby>沿<rt>そ</rt></ruby>った ~에 따라

의미 ① 길게 이어진 무언가의 곁을 따라서 ② 어떤 규칙, 기준을 근거로 하여

접속 N + に沿って・沿った

<ruby>天気<rt>てん き</rt></ruby>がよくて<ruby>川<rt>かわ</rt></ruby>に<mark>沿って</mark>1時間も<ruby>散歩<rt>さん ぽ</rt></ruby>した。

날씨가 좋아서 강을 따라 한 시간이나 산책했다. (의미①)

なぜ<ruby>台風<rt>たいふう</rt></ruby>はいつも<ruby>日本列島<rt>に ほんれっとう</rt></ruby>に<mark>沿って</mark><ruby>進<rt>すす</rt></ruby>むのですか。

왜 태풍은 언제나 일본열도를 따라서 진행하는 것입니까? (의미①)

<ruby>新<rt></rt></ruby>しい<ruby>条例<rt>じょうれい</rt></ruby>に<mark>沿って</mark><ruby>路上喫煙<rt>ろ じょうきつえん</rt></ruby>は<ruby>禁止<rt>きん し</rt></ruby>します。

새로운 조례에 따라 거리에서의 흡연은 금지합니다. (의미②)

* ともない & つれて & 沿って

AにともないB와 AにつれてB는 A와 B가 동시에 변화하는 것으로서 일회성 변화가 아닌 지속적인 변화의 경우에만 사용됩니다. 단, AにともないB는 변화뿐만 아니라 '동시에 발생한 일'에도 사용할 수 있는 반면 AにつれてB는 변화를 표현할 때만 사용합니다.

Aに沿ってB도 'A에 따라'라고 번역되지만 A 부분에 강이나 길 등 길게 이어진 형태의 것이 오면 그것의 '방향·흐름을 따라서', 규칙·방침 등이 오면 '기준·근거로 하여'라는 의미가 됩니다.

19. ~おかげで ~덕분에

의미 ~의 덕택에, ~의 도움으로. 무언가를 하는 데 긍정적 영향을 끼친 요인

접속 V·イA보통형/ナA·N명사수식형 + おかげで

先輩が手伝ってくれた<mark>おかげで</mark>、早く終わった。(동사)
선배가 도와준 덕택에 빨리 끝났다.

晴れだった<mark>おかげで</mark>きれいな海の写真が撮れた。(ナ형용사)
날씨가 화창했던 덕분에 깨끗한 바다 사진을 찍을 수 있었다.

先生の<mark>おかげで</mark>、元気になりました。(명사)
선생님 덕분에 건강해졌습니다.

20. ~せいで ~탓에

의미 안 좋은 결과를 초래한 원인을 표현. 원망, 후회 등 부정적 감정을 포함

접속 V·イA보통형/ナA·N명사수식형 + せいで

電車が遅れた<mark>せいで</mark>、遅刻してしまった。(동사)
전철이 지연된 탓에 지각을 하고 말았다.

体調が悪かった<mark>せいで</mark>試験に集中できなかった。(イ형용사)
몸 상태가 좋지 않았던 탓에 시험에 집중하지 못했다.

最近お酒や夜食の<mark>せいで</mark>太っている。(명사)
요즘 술과 야식 때문에 점점 살이 찌고 있다.

21. ~ばかりに (오직) ~때문에

의미 가장 큰 원인, 이유를 강조하는 것으로서 주로 부정적인 내용에 사용

접속 V·イA보통형/ナA·N명사수식형 + ばかりに

受験票を忘れてきた<mark>ばかりに</mark>、受験できなかった。(동사)
수험표를 놓고 온 탓에 시험을 보지 못했다.

彼は能力はあるが、勤務態度が悪いばかりに昇進できない。

그는 실력은 있지만 근무태도가 나쁜 탓에 승진을 못 한다. (イ형용사)

人と会うことが嫌なばかりにユーチューバーになったという。

사람하고 만나는 것이 싫어서 유튜버가 되었다고 한다. (ナ형용사)

* おかげで & せいで & ばかりに

세 단어 모두 '이유'를 뜻하는 표현이지만 おかげで는 긍정적인 결과에 도움이 된 원인으로서 '~덕분에, ~에 힘입어' 등으로 번역할 수 있습니다. 先生のおかげで合格できました(선생님 덕분에 합격할 수 있었습니다)와 같이 감사의 마음을 전할 때도 자주 사용합니다.

이와 반대로 せいで와 ばかりに는 부정적인 결과가 나오게 만든 원인을 표현합니다. 특히 ばかりに는 '거의 ~때문에', '오직 그 이유만으로'와 같이 가장 크게 작용한 이유를 강조해서 표현할 때 사용합니다.

22. ~もかまわず 개의치 않고

의미 어떤 상황, 성향, 사물 등에 대해 관계가 없다는 듯, 신경 쓰지 않고 행동하는 모습

접속 V·イA보통형·ナA어간である+の/N + もかまわず

　　(명사 뒤에서는 も 생략 가능)

子供たちは服が濡れるのもかまわず水遊びをした。(동사)

아이들은 옷이 젖는 것을 개의치 않고 물장난을 했다.

父は天気が悪いのもかまわずまた釣りに行った。(イ형용사)

아빠는 날씨가 좋지 않은 것도 신경 쓰지 않고 또 낚시를 갔다.

彼は酔っ払うと、ところかまわず寝てしまう。(명사)

그는 술에 취하면 장소와 상관없이 잠을 잔다.

23. ~(を)問わず 상관없이

의미 어떤 조건이나 상황을 고려하거나 따지지 않는 것을 표현

접속 N + (を)問わず

理由を問わず、暴力を振るう人は許せない。

이유가 무엇이든 폭력을 휘두르는 사람은 용서할 수 없다.

男女問わず、一番好きな歌手を教えてください。

남녀 구분 없이 가장 좋아하는 가수를 알려 주십시오.

24. ~にかかわらず 관계없이

의미 어떤 조건, 상황 등과 상관없이 어떤 경우에도 ~한다는 표현에 주로 사용

접속 V·イA 보통형/N + にかかわらず

季節にかかわらず、顔から汗が出て困る。(명사)

계절과 관계없이 얼굴에 땀이 나서 곤혹스럽다.

たくさん食べる食べないにかかわらず5千円だ。(동사)

많이 먹든 안먹든 상관없이 5천엔이다.

* かまわず & 問わず & かかわらず

問わず와 かかわらず는 모두 '~에 관계없이'라는 의미이지만 **問わず** 앞에는 주로 선택의 폭이 넓고 많은 수가 존재하는 나이, 이유, 국가, 종류 등의 단어를 씁니다. **かかわらず**는 앞에 제시한 상황이나 조건과 관계없이 '어떤 경우에도'라는 표현입니다.

한편 **かまわず**는 무언가를 '신경쓰다'라는 의미를 가진 동사 **構**う의 부정형으로서 어떤 상황, 일에 마음을 쓰지 않는다, 신경쓰지 않는다는 뜻입니다.

25. ~がたい ~하기 어려운

의미 주변 상황이나 심리적인 이유 등으로 어떤 행동을 하기 어렵거나 곤란한 상태

접속 Vます형 + がたい

信_{しん}じがたいことだが、あの二人が結婚_{けっこん}するらしい。

믿기 어려운 일이지만 저 두 사람이 결혼한다는 것 같아.

周_{まわ}りからいつも「近寄_{ちかよ}りがたい印象_{いんしょう}だ」と言われる。

주변 사람들에게 항상 '다가가기 어려운 인상이다'라는 말을 듣는다.

26. ~得_えない ~할 수 없는(거의 불가능한)

의미 어떤 일이 일어날 가능성이 거의 없거나 일어나기 매우 어려운 일을 표현

접속 Vます형 + 得ない

日本と韓国が仲良_{なかよ}くなるのはあり得ないことか?

일본과 한국의 사이가 좋아지는 것은 불가능한 일일까?

これは関係者_{かんけいしゃ}ではないと知り得ない情報_{じょうほう}だ。

이것은 관계자가 아니면 거의 알 수 없는 정보다.

27. ~っこない 절대로 ~할 리가 없다

의미 ~할 가능성을 강하게 부정하는 것으로서 친한 사이에 쓰는 구어체 표현

접속 Vます형 + っこない

100億_{おく}の宝_{たから}くじなんて当_あたりっこない。

100억짜리 복권 같은 게 당첨될 리가 없다.

お金_{かね}も仕事_{しごと}もない今_{いま}、恋愛_{れんあい}なんてできっこない。

돈도 일도 없는 지금, 연애 같은 걸 할 수 있을 리가 없다.

* 得ない & がたい & っこない

'~할 가능성이 거의 없다'라는 의미로 사용하는 표현들로서 ~がたい에
비해 得ない가 좀 더 강하게 부정하는 뉘앙스입니다. 참고로 得ない는
'~할 가능성이 있다'라는 뜻의 得る(うる)를 활용한 표현이지만 うない
가 아니라 えない라고 읽는 것에 주의해야 합니다.

っこない도 得ない, 혹은 ~わけがない(~할 리가 없다, p.148)와 거의
같은 의미이지만 매우 친한 친구 사이에 쓰는 구어체 표현이기 때문에
정중한 대화에서는 사용하지 않는 것이 좋습니다.

02. 여러 가지 의미가 있는 단어들

28. わけ

(1) ~わけだ ~한 것이다, ~하게 되다

의미 어떤 근거를 바탕으로 '그러니까 당연히 ~한 것이다', '결과적으로 ~하게 되다'

접속 V·イA 보통형/ナA·N 명사수식형 + わけだ

いつも我がままを言うから皆に嫌われる**わけだ**。(동사)

항상 제멋대로 구니까 모두에게 미움을 받는 것이다.

久しぶりの連休だから道路に車が多い**わけだ**。(イ형용사)

오랜만의 연휴이니 도로에 차가 많은 거지.

お母さんが日本人だから、日本語は上手な**わけだ**。(ナ형용사)

어머니가 일본인이니 일본어는 잘하는 것이 당연하다.

(2) ~わけがない ~할 리가 없다

의미 어떤 일이 일어날 가능성이 거의 없다, 그럴 이유가 없다는 자신의 추측

접속 V·イA 보통형/ナA·N 명사수식형 + わけがない

真面目な彼が授業をサボる**わけがない**。(동사)

성실한 그가 수업을 빼먹을 리가 없다.

三回も受験に失敗して平気な**わけがない**。(ナ형용사)

세 번이나 입시에 실패하고 괜찮을 리가 없다.

あの店は週末にお客さんが多いから休みの**わけがない**。

그 가게는 주말에 손님이 많으니까 휴일일 리가 없어. (명사)

(3) ~わけにはいかない (하고 싶지만) ~할 수 없다

의미 사실은 ~하고 싶지만 어떤 이유, 상황이 있어 그럴 수 없는 아쉬움

접속 V사전형/Vない형 + わけにはいかない

風邪だけど、会社に行かない<mark>わけにはいかない</mark>。

감기에 걸렸지만 회사를 안 갈 수는 없다. (Vない형)

大変だけど、もう大人なので親に頼る<mark>わけにはいかない</mark>。

힘들지만 이제 성인이니 부모님에게 의지할 수는 없다. (V사전형)

(4) ~わけではない 꼭 ~인 것은 아니다

의미 '딱히 ~인 것은 아니다'라는 의미로 전체가 아닌 일부 감정, 상황을 부정

접속 V·イA 보통형/ナA·N 명사수식형 + わけではない

テレビをつけておいたが、見ている<mark>わけではない</mark>。

TV를 켜두기는 했지만, 딱히 보고 있는 것은 아니다.

あなたの気持ちが分からない<mark>わけではない</mark>。

너의 기분을 이해하지 못하는 것은 아니다.

29. こと

(1) ~ことから ~라는 것을 이유로

의미 ~이 원인이 되어, ~을 이유로. 어떤 결과에 대한 원인, 유래 등을 표현

접속 V·イA 보통형/ナA·N 명사수식형 + ことから

家に電気がついている<mark>ことから</mark>誰かいるのが分かった。

집에 전기가 켜져 있는 것을 보고 누군가 있다는 것을 알았다. (동사)

いつも顔色が悪い<mark>ことから</mark>なんか病気ではないかと思った。

항상 얼굴 색이 좋지 않아서 무언가 병에 걸린 건 아닐까 생각했어. (イ형용사)

以上の<mark>ことから</mark>、言葉は変化するものだと分かった。

상기의 내용을 통해, 말은 변화하는 것이라고 알게 되었다. (명사)

02. 여러 가지 의미가 있는 단어들

(2) ~ことだから ~이니까 아마도

의미 사람의 성격, 성향 등을 충분히 알고 있어 그것을 바탕으로 결과를 추측

접속 Nの + ことだから

あなたの**ことだから**、心配は要らないと思う。

너니까, 걱정할 필요는 없다고 생각해.

彼女の**ことだから**、遅刻はしないだろう。

그녀의 성격상, 지각은 하지 않을 것이다.

(3) ~ことなく ~하는 일 없이

의미 'Vない형 + ないで/なく(~하지 않고)'의 딱딱하고 정중한 표현

접속 V사전형 + ことなく

まだ梅雨でもないのに雨が止む**ことなく**降り続いている。

아직 장마도 아닌데 비가 그치지 않고 계속 내린다.

どんなに難しい問題も諦める**ことなく**最善を尽くす。

아무리 어려운 문제도 포기하는 일 없이 최선을 다한다.

(4) ~ないことには~ない ~하지 않고서는 ~할 수 없다

의미 무언가를 해보지 않고서는 결과를 알 수 없는 상황을 설명

접속 Vない형 + ないことには + Vない형 + ない

やってみ**ないことには**、できるかどうか分から**ない**。

해보지 않고서는 할 수 있을지 없을지 알 수 없다.

どんな病気か検査し**ないことには**何も言え**ない**。

어떤 병인지 검사를 하지 않고서는 아무 말도 할 수 없다.

30. もの

(1) ~ものだ ① 본래 ~한 것이다

의미 일반적인 사실, 보편적인 상식 등을 강조하는 표현

접속 V·イA 보통형/ナA·N 명사수식형 + ものだ

人の性格はなかなか変わらない**ものだ**。 (동사)

사람의 성격은 본래 좀처럼 바뀌지 않는 것이다.

人生はつらい**ものだ**。 (イ형용사)

인생은 본래 괴로운 것이다.

いくら好きな仕事でも残業は嫌な**ものだ**。 (ナ형용사)

아무리 좋아하는 일이라도 야근은 싫기 마련이다.

(2) ~ものだ ② (과거에) 자주 ~했었지

의미 과거에 자주 했던 행동, 추억 등을 회상할 때 사용

접속 Vた형 + ものだ

子供のころは、この辺でよく遊んだ**ものだ**。

어릴 때는 이 주변에서 자주 놀았지.

昔はよく一人旅をした**ものだ**。

옛날에는 자주 혼자서 여행을 했었지.

(3) ~ものなら ~한다면, ~할 수 있다면

의미 '아마 불가능하겠지만 ~하다면'. 뒤에는 주로 희망, 권유 등의 내용

접속 V가능형 + ものなら

戻れる**ものなら**、学生のころに戻りたい。

되돌아갈 수 있다면 학생 때로 돌아가고 싶다.

できる**もの**なら、やってみて。

(아마 못하겠지만) 할 수 있으면 해 보렴.

毎日残業。辞められる**もの**なら辞めたい。

매일 잔업. 그만둘 수 있다면 그만두고 싶다.

(4) ~ものがある ~한 부분이 있다

의미 정확하게 표현할 수는 없지만 ~을 느끼게 하는 무언가가 있다는 주관적인 생각

접속 V사전형/イAい/ナAな + ものがある

彼の声には人を引き付ける**ものがある**。(동사)

그의 목소리는 사람을 끌어당기는 무언가가 있다.

彼の小説はどこか寂しい**ものがある**。(イ형용사)

그의 소설은 어딘가 쓸쓸한 느낌이 있어.

犯人の話にはなんか不自然な**ものがあった**。(ナ형용사)

범인의 이야기에는 무언가 부자연스러운 부분이 있었다.

31. ばかり

(1) ~ばかり ~만, ~만 많이

의미 다른 것도 있을 수 있지만 전체에서 그것이 차지하는 비율이 매우 높음

접속 N + ばかり

このクラスは男**ばかり**だ。

이 학급에는 남자들만 가득하다.

最近ダイエットのために野菜**ばかり**食べている。

최근 다이어트를 위해서 야채만 잔뜩 먹고 있다.

(2) ~ばかりだ 계속 ~하기만 하다

의미 부정적인 상황이 심화되거나, 안 좋은 일이 계속 늘어나는 것을 표현

접속 V사전형 + ばかりだ

最近日本の物価は上がる**ばかりだ**。

최근 일본의 물가는 계속 오르기만 한다.

今年になってからは成績が下がる**ばかりだ**。

올해 들어서는 성적이 계속 떨어지기만 한다.

(3) ~ばかりでなく ~뿐 아니라

의미 어떤 것 하나만이 아니라 다른 것들도 마찬가지라는 의미

접속 V·イA 보통형/ナA명사수식형/N + ばかりではく

姉は英語ができる**ばかりでなく**日本語もぺらぺらだ。

언니는 영어를 할 줄 아는 것뿐만 아니라 일본어도 굉장히 잘한다. (동사)

あの先生は優しい**ばかりでなく**授業もよくて人気だ。

저 선생님은 자상할 뿐만 아니라 수업도 좋아서 인기가 있다. (イ형용사)

同僚と浮気をした彼は家庭**ばかりでなく**仕事まで失った。

동료와 바람을 피운 그는 가정뿐 아니라 일자리까지 잃었다. (명사)

(4) ~ばかりはいられない ~하고 있을 수만은 없다

의미 하고 싶은 것이 있지만 주변 상황, 피치 못할 사정 때문에 할 수 없는 상태

접속 Vて형 + ばかりはいられない

来週が試験なので遊んで**ばかりはいられない**。

다음 주가 시험이라 놀고 있을 수만은 없다.

次の試合があるので、勝利を喜んで**ばかりはいられない**。

다음 시합이 있어서 승리를 기뻐하고 있을 수만은 없다.

32. だけ

(1) ~だけに　~인 만큼

의미 '~이기 때문에 한층 더'라는 뜻으로서 뒤에는 주로 부정적인 내용이 나옴

접속 V·イA 보통형/ナA·N 명사수식형 + だけに

一生懸命勉強した**だけに**、不合格はショックだった。（동사）

열심히 공부했던 만큼 불합격은 충격이었다.

期待が高かった**だけに**、失望も大きかった。（イ형용사）

기대가 컸던 만큼 실망도 컸다.

有名な私立高校の**だけに**志願者が多かった。（명사）

유명한 사립고등학교인 만큼 지원자가 많았다.

(2) ~だけの　~할 만한

의미 '~하기에 충분한, ~할 만한 가치가 있는'이라는 의미로 뒤에는 명사가 옴

접속 V사전형 + だけの

この本は読んでみる**だけの**価値がある。

이 책은 읽어볼 만한 가치가 있다.

車を買う**だけの**金は持っている。

자동차를 살 정도의 돈은 갖고 있다.

(3) ~だけあって　~한 만큼, ~인 만큼

의미 '~에 걸맞게', '~하기에 충분한 수준을 갖추고 있다'는 뜻으로서 주로 칭찬, 감탄

접속 V·イA 보통형/ナA명사수식형/N + だけあって

アメリカで留学した**だけあって**彼の発音はとても自然だ。

미국에서 유학한 만큼 그의 발음은 굉장히 자연스럽다. (동사)

高かっ<ruby>た<rt></rt></ruby>だけあって、今回<rt>こんかい</rt>買ったピアノは音<rt>おと</rt>がいい。

비싼 가격에 걸맞게, 이번에 산 피아노는 소리가 좋다. (イ형용사)

決勝<rt>けっしょう</rt>だけあって、両<rt>りょう</rt>チームとも強<rt>つよ</rt>かった。

결승인 만큼 두 팀 모두 강했다. (명사)

(4) ~だけましだ ~만도 다행이다

의미 '크게 마음에 들지는 않지만 이것만으로도 만족한다'라는 안도의 기분을 표현

접속 V·イA 보통형/ナAな + だけましだ

このような不況<rt>ふきょう</rt>の時には仕事があるだけましだ。(동사)

이렇게 불황일 때에는 일이 있는 것만 해도 다행이다.

今<rt>いま</rt>の家<rt>いえ</rt>は狭<rt>せま</rt>いけど家賃<rt>やちん</rt>が安<rt>やす</rt>いだけましだ。(イ형용사)

지금 집은 좁지만 월세가 싼 것만 해도 다행이다.

この店<rt>みせ</rt>、味<rt>あじ</rt>はまあまあだが静<rt>しず</rt>かなだけましだ。(ナ형용사)

이 가게, 맛은 그냥 그렇지만 조용한 것만으로도 만족한다.

33. 上<rt>うえ</rt>

(1) 上に ~에 더하여

의미 '~뿐만 아니라 ~까지'라는 문어체 표현. 비슷한 상황이 겹치는 경우

접속 V·イA 보통형/ナA·N 명사수식형 + 上に

面接<rt>めんせつ</rt>では質問<rt>しつもん</rt>に答<rt>こた</rt>えた上に自分<rt>じぶん</rt>の意見<rt>いけん</rt>まで話<rt>はな</rt>せた。(동사)

면접에서는 질문에 답한 것에 더해 내 의견까지 말할 수 있었다.

昨日は寒<rt>さむ</rt>かった上に、雨<rt>あめ</rt>まで降<rt>ふ</rt>って大変<rt>たいへん</rt>だった。(イ형용사)

어제는 추운데다가 비까지 내려서 힘들었다.

彼はハンサムな上に性格<rt>せいかく</rt>もよくて人気<rt>にんき</rt>がある。(ナ형용사)

그는 잘생기고 성격까지 좋아서 인기가 있다.

(2) ~上で ~한 다음에, ~을 할 때

의미 ① '우선 ~한 이후에'. 앞의 행동이 끝난 후 다음 행동을 진행

② ~을 하는 과정에서

접속 Vた형/Nの + 上で(의미①), V사전형/Nの + 上で(의미②)

内容を要約した上で自分の意見を書いてください。(Vた형)

내용을 요약한 다음에 자신의 의견을 적어 주세요. (의미①)

社会生活を始める上で一番大事なのは何でしょうか。(V사전형)

사회생활을 시작할 때 가장 중요한 것은 무엇일까요? (의미②)

(3) ~上は ~한 이상

의미 ~한 바에는, ~하기로 결정한 이상, ~한 상황이 되었다면 등의 뜻으로 사용

접속 V사전형/Vた형 + 上は

ペットを飼い始める上は最後まで責任を取るべきだ。(V사전형)

애완동물을 키우기 시작하면 마지막까지 책임져야 한다.

約束した上は、何があっても守ります。(Vた형)

약속한 이상, 무슨 일이 있어도 지킵니다.

(4) ~上は ~상은

의미 ~한 측면에서는, ~한 조건 하에서는. 주로 한자어 뒤에 붙여서 사용

접속 N + 上は ※ 읽는 법에 주의

理論上はできることだが、実際にはできない。

이론상은 가능한 일이지만, 실제로는 불가능하다.

法律上は問題ないが、人としてするべきではないことがある。

법적으로는 문제없지만, 인간으로서 하면 안 되는 일이 있다.

02. 여러 가지 의미가 있는 단어들

34. つつ

(1) ~つつ(も) ~하면서도

의미 전, 후의 내용이 서로 반대이거나 오류가 있는 상황에서 사용

접속 Vます형 + つつ

カンニングはダメだと知り<mark>つつ</mark>、何回_{なんかい}もやってしまった。

커닝은 하면 안 된다고 알면서도 몇 번이나 하고 말았다.

日本人は無宗教_{むしゅうきょう}と言い<mark>つつ</mark>いつも寺_{てら}や神社_{じんじゃ}に通_{かよ}う。

일본인은 무종교라고 말하면서도 항상 절이나 신사에 다닌다.

(2) ~つつある ~해 가고 있다

의미 계속해서 같은 방향으로 변화해가는 모습을 표현하는 문어체 표현

접속 Vます형 + つつある

今回の豪雨_{ごうう}による被害_{ひがい}がどんどん広_{ひろ}がり<mark>つつある</mark>。

이번 호우에 의한 피해가 점점 확산되고 있다.

最近は人工知能_{じんこうちのう}への関心_{かんしん}が高_{たか}まり<mark>つつある</mark>。

최근에는 인공지능에 대한 관심이 계속 높아지고 있다.

02. 여러 가지 의미가 있는 단어들

35. 一方 <ruby>一方<rt>いっぽう</rt></ruby>

(1) ~一方(で) ~인 한편

의미 부업과 본업을 말하는 경우 등 앞 뒤에 꼭 반대되는 내용이 아니어도 사용 가능

접속 V사전형/イAい/ナAな/Nの/Nである + 一方(で)

彼は<ruby>大学院<rt>だいがくいん</rt></ruby>に通う**一方**、<ruby>休<rt>やす</rt></ruby>みには<ruby>高校生<rt>こうこうせい</rt></ruby>を<ruby>教<rt>おし</rt></ruby>えている。

그는 대학원에 다니는 한편 휴일에는 고등학생을 가르치고 있다. (동사)

彼女は勉強は<ruby>優秀<rt>ゆうしゅう</rt></ruby>な**一方**、<ruby>運動<rt>うんどう</rt></ruby>は<ruby>苦手<rt>にがて</rt></ruby>だという。 (ナ형용사)

그녀는 공부는 뛰어난 반면 운동은 잘 못한다고 한다.

彼女は<ruby>歌手<rt>かしゅ</rt></ruby>である**一方**で<ruby>俳優<rt>はいゆう</rt></ruby>としても<ruby>活動<rt>かつどう</rt></ruby>している。 (명사)

그녀는 가수이면서 배우로서도 활동하고 있다.

(2) ~一方だ 계속 ~해 가기만 한다

의미 어떠한 변화가 멈추지 않고 계속되는 상황으로, 부정적인 내용에 많이 사용

접속 V사전형 + 一方だ

この<ruby>何年間<rt>なんねんかん</rt></ruby>、彼は<ruby>太<rt>ふと</rt></ruby>る**一方だ**。

최근 몇 년간, 그는 계속 살이 찌기만 한다.

<ruby>今<rt>いま</rt></ruby>の<ruby>政権<rt>せいけん</rt></ruby>になってからは<ruby>税金<rt>ぜいきん</rt></ruby>が<ruby>増<rt>ふ</rt></ruby>えていく**一方だ**。

지금의 정권이 된 이후부터는 세금이 계속 늘고 있다.

36. ところ

(1) ~ところ ~한 결과

의미 '~해 봤더니 ~였다'라는 뜻으로서 무언가를 해 본 결과를 표현

접속 Vた형 + ところ

02. 여러 가지 의미가 있는 단어들

病院(びょういん)で検査(けんさ)した**ところ**、ガンが見(み)つかった。

병원에서 검사한 결과 암이 발견됐다.

映像(えいぞう)を調(しら)べた**ところ**、犯人(はんにん)は被害者(ひがいしゃ)の友達(ともだち)だった。

영상을 조사한 결과 범인은 피해자의 친구였다.

(2) ~ところ(を) ~한 상황에

의미 '~한 때에', '~한 와중에' 라는 의미의 정중한 표현

접속 V사전형/Vた형/イAい/Nの + ところを

休(やす)んでいる**ところを**すみませんが、少(すこ)しお話(はなし)できますか。

쉬고 계신데 죄송하지만 잠시 이야기할 수 있을까요? (동사)

お忙(いそが)しい**ところ**、ご連絡(れんらく)ありがとうございます。

바쁘신 와중에 연락해 주셔서 감사드립니다. (イ형용사)

ご多忙(たぼう)の**ところを**、早速(さっそく)の回答(かいとう)ありがとうございます。

바쁘신 와중에 빠른 답변 감사합니다. (명사)

37. 次第(しだい)

(1) ~次第で・次第だ ~에 따라서, ~에 달려 있다

의미 '~은 ~에 달려 있다'라는 뜻으로서 어떤 조건에 따라 결과가 달라지는 상황

접속 N + 次第で・次第だ

明日(あした)ピクニックに行(い)けるかどうかは天気(てんき)**次第だ**。

내일 피크닉에 갈 수 있을지 없을지는 날씨에 달려 있다.

検査(けんさ)の結果(けっか)**次第**では手術(しゅじゅつ)することになるかもしれない。

검사 결과에 따라서는 수술하게 될지도 모른다.

(2) ~次第 ~하면 곧바로

의미 '~하는 대로 곧장'의 정중한 표현으로 업무상에서 많이 사용

접속 Vます형/N + 次第

面接の日程が決まり**次第**、ご連絡いたします。(Vます형)

면접 일정이 정해지는 대로 연락드리겠습니다.

資料は作成の完了**次第**、メールでお送りいたします。(명사)

자료는 작성이 끝나면 곧바로 메일로 보내겠습니다.

38. べき

(1) ~べきだ 당연히 ~해야 한다

의미 '꼭 ~해야 한다'라는 자신의 명확한 생각, 주장, 신념을 강하게 표현

접속 V사전형 + べきだ (단, する는 すべきだ도 사용)

ルールは守る**べきだ**。

규칙은 꼭 지켜야 한다.

死刑制度は廃止する**べきだ**と思いますか。

사형제도는 폐지해야 한다고 생각합니까?

(2) ~べきではない ~하면 안 된다

의미 '절대로 ~하면 안 된다'라는 자신의 명확한 생각, 주장, 신념을 강하게 표현

접속 V사전형 + べきではない

人を外見で判断する**べきではない**。

사람을 외모로 판단하면 안 된다.

子供に対する暴力は許す**べきではない**。

아이에 대한 폭력은 용서하면 안 된다.

39. さえ

(1) ~さえ~ば ~만 ~하면

의미 무언가를 하기 위한 단 하나의 조건, 혹은 마지막 조건

접속 Vます형 + さえ + すれば/しなければ, イAく/ナAで/N(で) + さえ~ば

この書類の片付けさえすれば家に帰れる。(동사)

이 서류만 정리하면 집에 돌아갈 수 있다.

明日、寒くさえなければドライブに行くつもりだ。(イ형용사)

내일 춥지만 않으면 드라이브하러 나갈 생각이다.

お金さえあれば結婚できると思う？ (명사)

돈만 있으면 결혼할 수 있다고 생각해?

(2) ~さえ ~도, ~조차

의미 ~조차, ~마저. 앞에 제시한 것 이외에는 말하지 않아도 당연히 ~하다는 의미

접속 N + さえ

喉が痛くて水さえ飲めない。

목이 아파서 물조차 마실 수 없다.

そんな簡単なことは子供さえできる。

그런 간단한 일은 어린아이도 할 수 있다.

03. 다양한 표현들, 어휘력 늘리기

40. ~はもとより ~은 물론

의미 '다른 것도 당연히 ~하다'. ~はもちろん(p.127)의 정중한 표현

접속 N + はもとより

車はもとより自転車もありません。

자동차는 물론 자전거도 없습니다.

日本でアニメは子供はもとより大人にも愛されている。

일본에서 애니메이션은 아이들은 물론 어른들에게도 사랑받는다.

41. ~はともかく ~은 어쨌든

의미 여하튼, ~은 차치하고, ~은 ~하더라도 그것과는 상관없이

접속 N + はともかく

あなたの料理は見た目はともかく味はおいしい。

네 요리는 겉보기는 어쨌든 맛있다.

今はともかく子供のころの弟は可愛かった。

지금은 어떻게 보일지 몰라도 어릴 때 남동생은 귀여웠다.

42. ~まだしも ~라면 모를까

의미 '~은/라면 그런대로 괜찮지만 ~은 아니다'라는 형태로 자주 사용

접속 N + は/なら + まだしも

私の日本語力では旅行はまだしも留学は無理だ。

내 일본어 실력으로는 여행이라면 모를까 유학은 무리다.

温度が高いだけならまだしも湿度まで高い夏は苦しい。

온도가 높은 것뿐이라면 몰라도 습도까지 높은 여름은 괴롭다.

43. ~どころか ~은커녕

의미 どころか 뒤에는 앞에 제시한 것보다 더 심한 상황, 조건 등을 표현

접속 V·イA·ナA·N 보통형 + どころか (단, ナA, N 현재 긍정에서 だ는 생략)

雨が止むどころか雷まで鳴っている。(동사)

비가 그치기는커녕 천둥마저 치고 있다.

忙しいどころか毎日暇で退屈だ。(イ형용사)

바쁘기는커녕 매일 한가해서 지루하다.

彼女どころか知り合いの女すら一人もいない。(명사)

애인은커녕 알고 지내는 여자조차 한 명도 없다.

44. ~に先立ち・先立って ~에 앞서서

의미 '~하기 이전에'라는 뜻으로서 무언가를 하기 전에 하는 일, 상황을 표현

접속 V사전형/N + に先立ち·先立って

試合を始めるに先立って審判がルールを説明した。(동사)

시합에 앞서 심판이 규칙을 설명했다.

開店に先立ち、店員皆が参加する飲み会をした。(명사)

개점을 앞두고 점원 모두가 참가하는 회식을 했다.

45. ~に際して ~할 때

의미 ~할 때에 맞춰. 일상적인 일이 아닌 특별한 일에 쓰는 문어체 표현

접속 V사전형/N + に際して

保険に加入するに際して補償内容をご確認ください。(동사)

보험에 가입함에 있어서 보상 내용을 확인해 주십시오.

選挙に際して、新しい法律が施行された。(명사)

선거에 맞춰 새로운 법이 시행되었다.

46. ~に応じて ~에 맞춰

의미 '~에 따라서'라는 뜻으로서 무언가의 결정, 판단, 실행할 때의 기준을 표현

접속 N + に応じて

税金は所得に応じて変わります。

세금은 소득에 따라 달라집니다.

実績に応じてボーナスを支給する。

실적에 맞춰 보너스를 지급한다.

47. ~をめぐって・めぐり ~을 둘러싸고

의미 ~에 관하여. 2명 이상의 사람들이 논의하거나 논쟁하는 주제를 제시

접속 N + をめぐって・めぐり

遺産をめぐり、家族の間で争いが起こった。

유산을 둘러싸고 가족간에 다툼이 일어났다.

EVをめぐっては、充電施設の整備など課題もある。

전기자동차와 관련해서는 충전시설 정비 등 (해결해야 할) 과제도 있다.

48. ~といった ~등

의미 여러 가지 중에서 하나, 혹은 몇 가지를 뽑아서 예로 들 때 사용

접속 N + といった

最近はベトナムといった東南アジアからの留学生が多い。

최근에는 베트남 등 동남아시아에서 온 유학생이 많다.

日本にはソニー、パナソニックといった有名な会社が多い。

일본에는 소니, 파나소닉 등 유명한 회사가 많다.

49. ~をはじめ　~을 비롯해

의미 ~을 시작으로 하여. 여러 가지 중에서 대표적인 것을 뽑아 제시

접속 N + をはじめ

この店はイチゴをはじめ、リンゴ、みかんなど果物が多い。

이 가게는 딸기를 비롯해 사과, 귤 등 과일이 많다.

この動物園には文鳥をはじめ、小鳥が多い。

이 동물원에는 문조를 비롯해 작은 새가 많다.

50. ~にしろ~にしろ　~도 ~도, ~든 ~든

의미 '두 가지 조건이나 상황 어느 쪽이든 모두 ~하다'라는 표현에서 사용

접속 V·イA·ナA·N 보통형 + にしろ (단, ナA, N 현재 긍정에서 だ는 생략)

参加するにしろしないにしろ、ご連絡ください。(동사)

참가하든 안 하든 연락해 주세요.

難しいにしろ難しくないにしろ試験は大変だ。(イ형용사)

어렵든 어렵지 않든 시험은 힘들다.

仕事にしろ勉強にしろ教えることが上手な人がいる。(명사)

일이든 공부든 가르치는 것이 뛰어난 사람이 있다.

03. 다양한 표현들, 어휘력 늘리기

51. ~やら~やら ~와 ~등

의미 비슷한 내용들을 나열할 때. 어수선하거나 바쁜 상황 설명에 자주 사용

접속 V사전형/イAい/N + やら

<ruby>年末<rt>ねんまつ</rt></ruby>は<ruby>掃除<rt>そうじ</rt></ruby>する**やら**<ruby>料理<rt>りょうり</rt></ruby>する**やら**で<ruby>忙<rt>いそが</rt></ruby>しかった。 (동사)

연말에는 청소하고 요리하고 하느라 바빴다.

<ruby>朝<rt>あさ</rt></ruby>は<ruby>寒<rt>さむ</rt></ruby>い**やら**<ruby>昼<rt>ひる</rt></ruby>は<ruby>暑<rt>あつ</rt></ruby>い**やら**で<ruby>調子<rt>ちょうし</rt></ruby>が<ruby>悪<rt>わる</rt></ruby>い。 (イ형용사)

아침에는 춥고 낮에는 덥고 해서 컨디션이 안 좋다.

<ruby>春<rt>はる</rt></ruby>になると、<ruby>花粉症<rt>かふんしょう</rt></ruby>**やら**<ruby>風邪<rt>かぜ</rt></ruby>**やら**で<ruby>大変<rt>たいへん</rt></ruby>だ。 (명사)

봄이 되면 꽃가루 알레르기, 감기 등으로 힘들다.

52. ~ものの ~이지만, ~했지만

의미 기대에 못 미치거나 기대와는 다른 결과가 나온 상황을 설명

접속 V·イA 보통형/ナA 명사수식형 + ものの

<ruby>文法<rt>ぶんぽう</rt></ruby>は<ruby>覚<rt>おぼ</rt></ruby>えた**ものの**、まだ<ruby>自然<rt>しぜん</rt></ruby>な<ruby>会話<rt>かいわ</rt></ruby>は<ruby>難<rt>むずか</rt></ruby>しい。 (동사)

문법은 외웠지만 아직 자연스러운 회화는 어렵다.

<ruby>給料<rt>きゅうりょう</rt></ruby>は<ruby>安<rt>やす</rt></ruby>い**ものの**<ruby>仕事<rt>しごと</rt></ruby>が<ruby>楽<rt>たの</rt></ruby>しくて<ruby>満足<rt>まんぞく</rt></ruby>している。 (イ형용사)

월급은 적지만 일이 즐거워서 만족하고 있다.

<ruby>交通<rt>こうつう</rt></ruby>は<ruby>不便<rt>ふべん</rt></ruby>な**ものの**<ruby>静<rt>しず</rt></ruby>かで<ruby>過<rt>す</rt></ruby>ごしやすい<ruby>町<rt>まち</rt></ruby>だ。 (ナ형용사)

교통은 불편하지만 조용해서 지내기 좋은 동네다.

53. ~あまり 너무 ~한 나머지

의미 어떤 일을 과도하게 ~해서, 상황이 과하게 ~해서 좋지 않은 결과가 나왔을 때

접속 V사전형/Vた형/ナAな/イA명사형 + の/Nの + あまり

利益を重視したあまり人権は無視する企業もある。（동사）

이익을 너무 중시한 나머지 인권은 무시하는 기업도 있다.

試験のことが心配なあまり寝られなかった。（ナ형용사）

시험이 너무나 걱정되어서 잠을 자지 못했다.

面接の前、緊張のあまり、泣いてしまった。（명사）

면접 전에, 너무나 긴장한 나머지 울고 말았다.

54. ~あげく ~한 끝에

의미 오래 ~한 다음에 결국. 부정적이거나 유감스러운 결과가 나왔을 때 주로 사용

접속 Vた형/Nの + あげく

あれこれ考えたあげく、留学は諦めてしまった。（동사）

이것저것 생각한 끝에 유학은 포기하고 말았다.

悩みのあげく、彼と別れることにした。（명사）

오랫동안 고민한 끝에 그와 헤어지기로 했다.

55. ~がち 자주 ~하다

의미 '~하기 쉽다'라는 뜻으로서 주로 안 좋은 일이 반복되는 상황을 설명

접속 Vます형/N + がち

ストレスが貯まると忘れがちになる。（동사）

스트레스가 쌓이면 건망증이 심해진다.

子供のときは病気がちで学校を休む日が多かった。（명사）

어릴 때는 병치레가 잦아 학교를 쉬는 날이 많았다.

56. ~かねる ~하기 어렵다

의미 주변 상황이나 조건 등으로 인해 어떤 행동을 하기 곤란하거나 어려운 상황

접속 Vます형 + かねる

あなたの提案には賛成しかねる。

너의 제안에는 찬성하기 어렵다.

一人で判断しかねることは先生に相談してください。

혼자서 판단하기 어려운 일은 선생님에게 상담해 주세요.

57. ~かねない ~할 수도 있다

의미 ~할 지도 모른다, ~할 가능성이 있다. 나쁜 결과를 예측할 때 주로 사용

접속 Vます형 + かねない

居眠り運転をすると大事故になりかねない。

졸음운전을 하면 큰 사고가 날 수도 있다.

火事になりかねないので山では禁煙するべきだ。

화재가 날지도 모르기 때문에, 산에서는 금연해야 한다.

58. ~しかない ~하는 수 밖에 없다

의미 주어진 상황에서 선택할 수 있는 방법이 ~밖에 없다는 뜻

접속 V사전형/N + しかない

太るのが嫌なら運動するしかない。

살찌는 게 싫으면 운동하는 수밖에 없다.

試験に行けなかったから、諦めるしかない。

시험에 못 갔으니 포기하는 수밖에 없다.

59. ~ざるを得ない ~하지 않을 수 없다

의미 하고 싶지 않지만 주변 상황, 조건으로 인해 할 수밖에 없는 상황

접속 Vない형 + ざるを得ない (참고 : する → せざる)

会社の方針なので従わざるを得ない。

회사 방침이니까 따르지 않을 수 없다.

体調が悪くて会社を休まざるを得なくなった。

건강이 안 좋아서 회사를 쉬어야만 하게 되었다.

60. ~以来 ~한 이후

의미 앞에 어떤 시점을 나타내는 말이 와서 '~이후부터 지금까지 계속'이라는 뜻

접속 Vて형/N + 以来

結婚して以来、一人旅はしたことがない。(Vて형)

결혼 이후에는 혼자서 여행한 적이 없다.

その会社は創業以来、赤字になったことがない。(명사)

그 회사는 창업한 이후 지금까지 적자를 낸 적이 없다.

61. ~反面　~인 반면(=半面)

의미 '~인 것에 반해', 또는 '~은 ~하지만'. 앞뒤에 서로 상반되는 내용이 옴

접속 V·イA 보통형/ナA·N 명사수식형/ナAである/Nである + 反面

引っ越して家賃は少し上がった反面、交通費は安くなった。

이사해서 월세는 조금 오른 반면 교통비는 저렴해졌다. (동사)

うちの子は外では大人しい反面、家ではとても活発だ。

우리 아이는 밖에서는 조용한 반면, 집에서는 굉장히 활발하다. (イ형용사)

スマホは便利である反面、子供に悪影響を与える可能性もある。

스마트폰은 편리한 반면 아이들에게 악영향을 끼칠 가능성도 있다. (ナ형용사)

62. ~抜きに・抜きで　~을 빼고

의미 '~은 제외하고' 혹은 '~은 고려하지 않고'라는 뜻으로 사용

접속 N + 抜きに・抜きで

お世辞抜きに、あなたの料理は本当にうまいよ。

겉치레는 빼고(예의상 하는 말이 아니라) 네 요리는 정말 맛있다.

主人公の彼女抜きで、飲み会は始められない。

주인공인 그녀를 빼고서 회식은 시작할 수 없다.

63. ~に限って・限り　~에 한해

의미 ~만큼은. ~만 예외적으로. 단, 횟수, 시간, 숫자 뒤에 쓸 때는 に 생략

접속 N + に限って・限り

急いでいるときに限って信号によく引っかかる感じがする。

서두를 때에만 신호에 잘 걸리는 듯한 느낌이 든다.

<ruby>本日<rt>ほんじつ</rt></ruby>限り50%セールします。

오늘 하루만 50% 세일합니다.

64. ~に<ruby>決<rt>き</rt></ruby>まっている 분명히 ~할 것이다

의미 '틀림없이 ~할 것이다'라는 주관적 추측, 확신을 표현

접속 V·イA·ナA·N 보통형 + に決まっている

　　(단, ナA, N 현재 긍정에서 だ는 생략)

<ruby>能力<rt>のうりょく</rt></ruby>があるから<ruby>就職<rt>しゅうしょく</rt></ruby>できるに決まっている。 (동사)

능력이 있으니 분명히 취직할 수 있을 것이다.

お<ruby>酒<rt>さけ</rt></ruby>とタバコって<ruby>体<rt>からだ</rt></ruby>に<ruby>悪<rt>わる</rt></ruby>いに決まっているじゃん。 (イ형용사)

술과 담배라니 당연히 몸에 안 좋지.

<ruby>今回<rt>こんかい</rt></ruby>の<ruby>試合<rt>しあい</rt></ruby>は<ruby>大負<rt>おおま</rt></ruby>けに決まっている。 (명사)

이번 시합은 분명 큰 차이로 질 것이다.

65. ~にほかならない ~임이 확실하다

의미 '다른 것이 아니라 바로 ~이다'라는 확신을 표현

접속 N + にほかならない

<ruby>私<rt></rt></ruby>たちが<ruby>出会<rt>であ</rt></ruby>ったのは<ruby>運命<rt>うんめい</rt></ruby>にほかならない。

우리가 만난 것은 분명 운명이다.

<ruby>太<rt>ふと</rt></ruby>った<ruby>原因<rt>げんいん</rt></ruby>は<ruby>食<rt></rt></ruby>べ<ruby>過<rt>す</rt></ruby>ぎにほかならない。

살이 찐 원인은 과식임이 확실하다.

66. ~に違いない 분명히 ~일 것이다

의미 '~임이 틀림없다'라는 뜻으로 주관적인 강한 주장, 확신을 표현

접속 V·イA·ナA·N 보통형 + に違いない (단, ナA, N 현재 긍정에서 だ는 생략)

私は皆に嫌われているに違いない。 (동사)

나는 모두에게 미움받고 있는 것이 분명하다.

あのブランドのバックだから高かったに違いない。 (イ형용사)

저 브랜드의 가방이니까 분명 비쌌을 것이다.

容疑者の話はウソに違いないと思う。 (명사)

용의자의 이야기는 분명 거짓말이라고 생각해.

67. ~というより ~라고 하기보다는

의미 '더 적절하게 표현한다면 오히려 ~이다'라는 주관적인 생각, 느낌

접속 V·イA·ナA·N 보통형 + というより (단, ナA, N 현재 긍정에서 だ는 생략)

食べるというより吸い込んでいるように見えた。 (동사)

먹는다기보다는 흡입하고 있는 것 같이 보였다.

うちの父は厳しいというより怖い。 (イ형용사)

우리 아버지는 엄격하다기보단 무섭다.

トッポギとおでんはおやつというより食事に近い。 (명사)

떡볶이와 오뎅은 간식이라기보다는 식사에 가깝다.

68. ~にすぎない 단지 ~일 뿐이다

의미 '~에 불과하다'라는 뜻으로서 그 이상의 의미는 없다는 것을 표현

접속 V보통형/N + にすぎない

今回の会談は両国が意見交換をした にすぎない。(동사)

이번 회담은 두 나라가 의견교환을 한 것에 불과하다.

彼の話は言い訳 にすぎない。(명사)

그의 이야기는 단지 변명일 뿐이다.

69. ~恐れがある ~할 우려가 있다

의미 '~할 가능성이 있다'라는 것으로서 부정적인 가능성, 추측을 전달

접속 V사전형/Nの + 恐れがある

今年は経済成長率が下がる 恐れがある。(동사)

올해는 경제성장률이 하락할 우려가 있다.

35度を超える真夏には熱中症の 恐れがある。(명사)

35도를 넘는 한여름에는 열사병에 걸릴 우려가 있다.

70. ~からといって・からって ~라고 해서

의미 '아무리 ~라는 이유가 있어도', 또는 '단지 ~라는 이유만으로'라는 표현

접속 V·イA·ナA·N 보통형 + からといって(=からって)

彼氏に振られた からって、すべてを諦めちゃダメだ。

남자친구에게 차였다고 해서 모든 것을 포기하면 안 된다. (동사)

成績がよかった からって仕事もうまくできるとは思わない。

성적이 좋았다고 해서 일도 잘 할 수 있다고는 생각하지 않아. (イ형용사)

先輩だ からといってなんでも知っているわけではない。

선배라고 해서 무엇이든 알고 있는 것은 아니다. (명사)

71. ~どころではない ~할 상황이 아니다

의미 '~하고 싶지만 그럴 수 있는 상황이 아니다'. 주로 긴장, 우려를 표현

접속 V사전형/N + どころではない

明日が面接なので、お酒を飲む**どころではない**。(동사)

내일이 면접이라서 술을 마실 상황이 아니다.

彼は今、司法試験の勉強で恋愛**どころではない**。(명사)

그는 지금 사법시험 공부 중이라 연애할 상황이 아니다.

72. ~ながらも ~하면서도, ~지만

의미 '~이지만 의외로 ~였다'와 같이 뒤에는 예상과 다른 내용을 표현

접속 Vます형/Vない형/イAい/ナA어간/ナA어간であり/N/Nであり + ながらも

親はたまにケンカをし**ながらも**仲良くしている。(동사)

부모님은 가끔 다투지만 사이좋게 지내고 있다.

今住んでいる家は狭い**ながらも**過ごしやすい。(イ형용사)

지금 살고 있는 집은 좁지만 지내기 편하다.

高校の時は受験勉強で大変であり**ながらも**楽しかった。(ナ형용사)

고등학교 때는 입시 공부로 힘들면서도 즐거웠다.

73. ~のみならず ~뿐 아니라

의미 '~뿐 아니라 그 이외의 것도'라는 뜻으로 쓰이는 문어체 표현

접속 V·イA·ナA·N 보통형 + のみならず (단, ナA, N 현재 긍정에서 だ는 생략)

政府は責任を認めない**のみならず**、解明もしていない。

정부는 책임을 인정하지 않을 뿐 아니라 해명도 하지 않고 있다. (동사)

03. 다양한 표현들, 어휘력 늘리기

このジュースはおいしい<u>のみならず</u>体にもいいです。(イ형용사)

이 주스는 맛있을 뿐만 아니라 몸에도 좋습니다.

地震で電気<u>のみならず</u>水道まで止まってしまった。(명사)

지진으로 전기뿐만 아니라 수도까지 끊겨 버렸다.

74. ~きり(だ) ~한 이후 그대로다

의미 어떤 시점 이후, 그때의 상황이 지금까지 지속되고 있는 경우

접속 Vた형 + きり(だ)

高校の友達とは、卒業式で会った<u>きりだ</u>。

고등학교 친구와는 졸업식 때 만난 것이 마지막이다.

弟は先週、旅行に行った<u>きり</u>でなんの連絡もない。

남동생은 지난주에 여행을 간 이후 아무 연락도 없다.

75. ~まい 절대 ~하지 않을 것이다

의미 '결코 ~할 생각은 없다'라는 뜻으로서 부정적인 자신의 생각, 확신을 표현

접속 V사전형 + まい

もう酒は飲む<u>まい</u>と思ったのに、また飲んでしまった。

이제 술은 절대 마시지 않으려 했는데 또 마시고 말았다.

初恋が終わった時は、恋なんてする<u>まい</u>と思ったが…

첫사랑이 끝났을 때는, 사랑 같은 건 절대 하지 않겠다고 생각했지만…

Chapter 5.

N1
필수 문법

01. 비슷한 표현들 비교하며 이해하기

01. ~を機に ~을 계기로

의미 어떤 변화가 일어났거나, 무언가를 결심하게 된 이유, 시점 등을 말할 때 사용

접속 N + を機に

彼女は結婚を機に仕事を辞めてしまった。

그녀는 결혼을 계기로 일을 그만두고 말았다.

父は今回の入院を機に禁煙ができた。

아버지는 이번 입원을 계기로 금연에 성공했다.

02. ~を皮切りに ~을 시작으로

의미 어떤 일이 시작된 계기 또는 발단. 皮切りにして, 皮切りとして도 사용

접속 V사전형の/Vた형+の/N + を皮切りに

AIを導入したのを皮切りに先端技術を次々と取り入れた。

AI(인공지능) 도입을 시작으로 첨단 기술을 잇따라 받아들였다. (동사)

あの歌手は日本を皮切りにワールドツアーを始めた。

그 가수는 일본을 시작으로 하여 월드투어를 시작했다. (명사)

03. ~てからというもの ~한 이후로 계속

의미 ~한 것을 계기로 큰 변화가 생긴 후 지금까지도 계속 이어지고 있는 상황

접속 Vて형 + からというもの

運動を始めてからというもの、風邪を引かなくなった。

운동을 시작한 이후로는 감기에 걸리지 않게 되었다.

彼は受験に失敗してからというもの、部屋から出てこない。

그는 입시에 실패한 이후부터 지금까지 방에서 나오지 않고 있다.

04. ~最後(さいご) ~했다 하면

의미 '~하기만 하면 계속해서 ~한다' 라는 뜻으로 부정적 내용에 주로 사용

접속 Vた형 + が/ら + 最後

母(はは)は小言(こごと)を言(い)い始(はじ)めたが最後(さいご)、何時間(なんじかん)も続(つづ)ける。(Vた형)

엄마는 잔소리를 시작했다 하면 몇 시간씩 계속한다.

この迷路(めいろ)は一度(いちど)入(はい)ったら最後(さいご)、一人(ひとり)では出(で)られない。(Vたら)

이 미로는 한 번 들어갔다 하면 혼자서는 나오지 못한다.

05. ~ゆえに ~로 인해서

의미 이유를 말하는 문어체 표현. 문장 처음에 쓰면 '따라서'라고 번역

접속 V·イA 보통형/ナA·N 명사수식형 + ゆえに (ナA, N 뒤의 な, の는 생략 가능)

政府(せいふ)の対応(たいおう)が遅(おく)れたゆえに感染病(かんせんびょう)はどんどん広(ひろ)がっている。

정부의 대응이 지연된 탓에 전염병은 점점 확산되고 있다. (동사)

独創性(どくそうせい)が足(た)りなかったゆえに彼(かれ)の提案(ていあん)は断(ことわ)られた。

독창성이 부족했기에 그의 제안은 거절당했다. (イ형용사)

個人的(こじんてき)な問題(もんだい)のゆえに匿名(とくめい)で書(か)き込(こ)みました。(명사)

개인적인 문제라 익명으로 글을 썼습니다.

01. 비슷한 표현들 비교하며 이해하기

06. ~なり ~하자마자

의미 뒤에는 주로 예상하지 못했던 일이나 일반적이지 않아 놀랄 만한 내용

접속 V사전형 + なり

政府が政策を発表する<mark>なり</mark>、抗議の電話が殺到した。

정부가 정책을 발표하자 곧바로 항의 전화가 쇄도했다.

彼はコーヒーを一口飲む<mark>なり</mark>、吐き出してしまった。

그는 커피를 한 모금 마시자마자 토하고 말았다.

＊ ~を機にと ~を皮切りには 둘 다 '~을 계기로 하여'라고 번역됩니다. 단, ~を機には 그것을 계기로 단 한 번의 변화가 발생한 때도 사용할 수 있는 반면 ~を皮切りには 그것을 시작으로 하여 비슷한 일들이 잇따라 일어나거나 확산될 때 사용한다는 점이 다릅니다.

＊ ~てからというものは 예상하지 못했던 변화가 일어난 후 그 상태가 계속되고 있다는 의미로서 놀라움, 아쉬움 등의 감정이 포함됩니다. ~が最後도 어떠한 행동, 상황이 계속되는 것을 뜻하지만 말하는 사람의 '부정적인' 감정이 담긴 표현입니다.

＊ ~ゆえには 어떠한 결과, 변화 등의 이유를 표현하는 ~から, ~ので (p.67 참고)와 같은 의미의 문어체 표현입니다.

07. ~が早いか ~하자마자

의미 어떤 행동, 상황이 끝나고 곧바로 다른 행동을 하거나 다른 일이 생긴 경우

접속 V사전형/Vた형 + ~が早いか (주로 V사전형을 사용)

雷が鳴る<mark>が早いか</mark>、ザアザアと雨が降り始めた。

천둥이 치자마자 좍좍 비가 내리기 시작했다.

彼は彼女からメールをもらうが早いか、家を飛び出した。

그는 그녀에게 메일을 받자마자 집을 뛰쳐나갔다.

08. ~そばから ~하는 족족 (반복)

의미 '~하면 곧바로' 라는 의미로서 같은 상황이 계속 반복되는 경우를 표현

접속 V사전형/Vた형 + そばから

来週が試験なのに、漢字を覚えるそばから忘れてしまう。

다음 주가 시험인데 한자를 외우는 족족 잊어버린다.

ドーナツを作るそばから食べてしまう娘。

도넛을 만드는 족족 곧바로 먹어 버리는 딸.

09. ~や否や ~하자마자

의미 ~や만 쓰기도 하며 예상치 못한 상황, 일이 곧바로 생긴 경우에 주로 사용

접속 V사전형 + や否や

玄関のドアを開けるや否や犬が飛んできた。

현관문을 열자마자 개가 달려 나왔다.

迷子になっていた子供は親の顔を見るや否や泣き出した。

미아가 되었던 아이는 부모 얼굴을 보자마자 울음을 터트렸다.

彼女は信号が青に変わるや、アクセルを思い切り踏んだ。

그녀는 신호가 파란색으로 바뀌자마자 액셀을 힘껏 밟았다.

10. ~と決まって ~하면 항상

의미 A라는 일이 생기면 그 다음에 언제나 B라는 일이 생기는 상황

접속 V사전형 + と決まって

夢で元彼を見ると決まって悪いことが起きる。

꿈에서 예전 남자친구를 보면 항상 안 좋은 일이 생긴다.

夜12時になると決まって猫の泣き声が聞こえてくる。

밤 12시가 되면 언제나 고양이 울음소리가 들려 온다.

---

* Aが早いかB는 A와 B가 '거의 동시에' 일어났다는 사실이 강조되는 반면, Aなり B와 Aや否や B는 B에 예상하지 못했던 일이나 상황이 나와 '의외성', '돌연성'이 강조됩니다.

* そばから도 '~하자마자'이지만 같은 행동, 상황이 계속 반복되는 경우에만 사용한다는 점에서 차이가 있습니다. ~と決まって 역시 '~하면 언제나 ~한다'의 의미로서 같은 상황의 반복을 표현하지만 곧바로 이어지는 행동, 상황이 아니라 시간을 두고 일어나는 일에도 사용할 수 있다는 것이 そばから와 다릅니다.

* ~が早いか, ~なり, ~や否や는 모두 이미 일어난 과거의 일을 설명할 때에만 쓰는 표현이기 때문에 뒤에 '~해 주십시오', '~하겠다'와 같은 부탁, 계획 등의 내용은 올 수 없습니다. 비슷한 의미의 구어체 표현으로는 ~か~ないかのうちに(p.136 참고), ~途端(p.135 참고) 등이 있습니다.

11. ~をおいて ~을 빼 놓고

의미 주로 '~をおいては~できない(~을 빼고 ~는 할 수 없다)'의 형태로 사용

접속 N + をおいて

彼に<ruby>告白<rt>こくはく</rt></ruby>するなら今をおいて<ruby>他<rt>ほか</rt></ruby>にはない。

그에게 고백할 것이라면 지금이 아니면 달리 (기회가) 없다.

ビートルズをおいてロックミュージックは<ruby>語<rt>かた</rt></ruby>れない。

비틀스를 빼놓고는 록음악을 이야기할 수 없다.

12. ~はさておき ~은 뒤로 미루고

의미 '~은 둘째 치고' 등으로 번역되며 대화 중에 화제를 전환할 때 자주 사용

접속 N + はさておき

<ruby>冗談<rt>じょうだん</rt></ruby>はさておき、<ruby>今後<rt>こんご</rt></ruby>どうするかを<ruby>決<rt>き</rt></ruby>めましょう。

농담은 나중에 하고 앞으로 어떻게 할지를 결정합시다.

<ruby>実現<rt>じつげん</rt></ruby>できるかどうかはさておき、アイデアはいい。

실현 가능할지 어떨지는 몰라도 아이디어는 좋다.

13. ~をよそに ~을 무시하고

의미 '~을 아랑곳하지 않고'라는 뜻으로서 부정적인 느낌이 강한 표현

접속 N + をよそに

禁煙のマークをよそにタバコを吸っているおじさんがいた。

금연 표시를 무시하고 담배를 피고 있는 아저씨가 있었다.

政府は国民の批判をよそに新しい法案を強行した。

정부는 국민의 비판을 무시하고 새로운 법안을 강행했다.

14. ~をものともせず ~을 개의치 않고

의미 앞에 어려움, 곤란, 위험 등의 단어가 주로 오며 긍정적 의미로 주로 사용

접속 N + をものともせず

消防士は死の危険をものともせず火の中に飛び込んだ。

소방관이 죽음의 위험을 개의치 않고 불 속으로 뛰어들었다.

彼は障害をものともせずやりたいことに挑戦する。

그는 장애를 개의치 않고 하고 싶은 일에 도전한다.

15. ~いかんによらず ~여부와 상관없이

의미 ~에 좌우되지 않는다. ~いかんにかかわらず, ~いかんを問わず도 사용

접속 N(の) + いかんによらず

理由のいかんによらず、暴力は許せない。

이유와 상관없이 폭력은 용서할 수 없다.

国籍のいかんによらず採用する企業が増えている。

국적과 관계없이 채용하는 기업이 늘고 있다.

消費税上げは市民の賛否いかんによらず施行された。

소비세 인상은 시민들의 찬반과 상관없이 시행되었다.

* ~をおいては 주로 ~をおいて~ない(~을 빼고는 ~할 수 없다)의 형태로 쓰여 '~가 매우 중요하다'는 주관적인 생각을 표현합니다. ~はさておき도 '제외하다'라는 의미가 있지만 주로 이야기나 문장을 시작할 때, 혹은 대화 중에 화제 전환을 위해 사용합니다. '농담 그만하고 업무 이야기 합시다'라고 할 때의 '그만하고', 혹은 '돈이 문제가 아니라'에서 '문제가 아니라' 등에 해당합니다.

* ~をよそにと ~をものともせずと 둘 다 '~을 신경 쓰지 않다'라는 의미입니다. 단, ~をよそに는 '~을 무시하고' 등으로 번역되는 표현으로서 부정적인 뉘앙스가 강하지만, ~をものともせず는 '신경 쓰지 않고 과감하게'와 같이 긍정적인 의미로 쓰입니다.

* ~いかんによらず의 경우는 부정적, 긍정적 내용 모두에 사용할 수 있으며 어떤 조건이나 이유 등에 따라 변하지 않는 객관적인 상황을 서술할 때 주로 사용됩니다.

16. ~てやまない 한없이 ~하다

의미 '~해 마지 않다', 즉 '매우 ~하다' 라는 간절한 마음을 표현하는 문형

접속 Vて형 + やまない

私が愛してやまないイチゴケーキを家で作ってみた。

내가 너무나 사랑하는 딸기 케이크를 집에서 만들어 보았다.

尊敬してやまない先生に手書きの年賀状を送った。

너무나 존경하는 선생님께 손으로 직접 쓴 연하장을 보냈다.

17. ~を禁じ得ない ~을 금할 길이 없다

의미 어떤 일에 대한 안타까움, 분노 등의 감정을 참을 수가 없는 상황

접속 N + を禁じ得ない

たくさんの人を殺したテロリストに怒りを禁じ得ない。

많은 사람들을 죽인 테러리스트에 대해 화를 참을 수 없다.

大統領選の結果に失望を禁じ得ないと言う人が多い。

대통령선거 결과에 참을 수 없이 실망스럽다고 말하는 사람이 많다.

18. ~に越したことはない ~보다 나은 것은 없다

의미 다른 무엇보다 '바로 ~가 최고다', '이상적이다' 라는 것을 강조

접속 V사전형/Vない형/イAい/ナA어간/N + に越したことはない

風邪気味の時は寝るに越したことはない。(동사)

감기 기운이 있을 때는 자는 것이 최고다.

謝るなら早いに越したことはない。(イ형용사)

사과할 거라면 빠른 것이 가장 좋다.

ダイエットに運動に越したことはない。(명사)

다이어트에 운동보다 더 좋은 것은 없다.

19. ~極まりない ~이기 그지없다

의미 ~極まる의 형태로도 사용되며 '굉장히 ~하다' 라는 의미의 문어체 표현

접속 ナA어간/N + 極まりない

危険極まりない飲酒運転が後を絶たない。

위험하기 그지없는 음주운전이 끊이지 않는다.

こう じ げん ば　　　あんぜんそう ち　　　　　　　　　　　ふ あん
工事現場に安全装置がなくて不安極まりない。

공사 현장에 안전장치가 없어 너무 불안하다.

20. ～といったらない　말할 수 없이 ~하다

의미 '매우 ~하다'의 구어체 표현. ありはしない, ありゃしない도 사용

접속 V사전형/イA사/ナA어간/N + といったらない

ざんぎょうつづ　　　　　　　つか
今月は残業続きで疲れるといったらない。(동사)

이번 달은 계속되는 야근으로 너무 피곤하다.

きんじょ　　　　　　　　　　な　　　　　　　ふ べん
近所のコンビニが無くなって不便といったらない。(ナ형용사)

근처의 편의점이 없어져서 말할 수 없이 불편하다.

せいこう　　　　　　　く ろう
成功するまで苦労といったらありゃしなかった。(명사)

성공하기까지 굉장히 고생을 했다.

* ～てやまない는 지속적으로 느끼는 감정에 사용하지만 ～を禁じ得な
い는 어느 한순간에만 느낀 강한 감정을 표현할 때에도 사용할 수 있습
니다. '좋아하는 카페', '그리운 옛 동네' 등 예전부터 계속, 혹은 항상
느끼는 감정을 전달할 때에는 ～てやまない를 사용합니다.

* ～に越したことはない는 다른 어떤 것들을 다 비교해 보아도 이것보
다 더 좋은 것은 없다, 즉 '최고다'라는 뜻입니다. ～極まりない도 '그
이상이 없을 정도로 매우 ~하다'로서 비슷한 의미의 문어체 표현입니다.
단, 極まりない는 極まる의 부정형이 아니라 그 자체가 형용사입니다.
참고로 極まる의 부정형은 極まりない가 아닌 極まらない입니다.

* 極まりない는 앞에 명사, 혹은 な형용사의 어간이 오는 문어체 표현
이지만 ～といったらない는 앞에 감정을 표현하는 동사, 형용사, 명사
를 모두 쓸 수 있는 구어체 표현입니다.

21. ~(よ)うにも~ない ~하려 해도 ~할 수가 없다

의미 본인은 ~하고 싶지만 주변 상황, 조건 때문에 할 수 없는 경우

접속 V의지형 + にも + Vない형 + ない

相手がいなくて結婚し**ようにも**出来**ない**。

상대가 없어서 결혼하려고 해도 할 수가 없다.

終電を逃してしまい、家に帰**ろうにも**帰れ**なかった**。

마지막 전철을 놓쳐서 집에 가려고 해도 갈 수 없었다.

22. ~べくもない 전혀 ~할 여지도 없다

의미 '~할 방법이 없다'라는 주관적인 추측, 판단, 생각을 표현

접속 V사전형 + べくもない (する는 すべく, するべく 모두 사용)

こんな成績では合格を望む**べくもない**。

이런 성적으로 합격은 기대할 여지도 없다.

証拠があるので犯人は犯行を否定す**べくもない**。

증거가 있으니 범인은 범행을 부정할 방도가 없다.

23. ~ずにはすまない ~하지 않으면 안 된다

의미 '(상황상) ~해야만 해결된다'라는 뜻으로 ~ないではすまない도 사용

접속 Vない형 + ずにはすまない(すると せずに)

不正が発覚したからには責任を取ら**ずにはすまない**。

부정행위가 발각된 이상, 책임을 져야만 한다.

借りた本を無くした時は弁償せ**ずにはすみません**。

빌린 책을 잃어버렸을 때는 변상을 해야만 합니다.

24. ~ずにはおかない 꼭 ~할 것이다 or 항상 ~한다

의미 ① 자신의 강한 의지를 전달 ② 자연스럽게 ~하게 만드는 것

접속 Vない형 + ずにはおかない (する는 せずに)

国民を裏切ったあの政治家、辞めさせずにはおかない。

국민을 배신한 저 정치인, 꼭 그만두게 할 것이다. (의미①)

この映画は観客を感動させずにはおかない。

이 영화는 관객을 꼭 감동하게 만든다. (의미②)

差別的な言葉は人を怒らせずにはおかない。

차별적인 언어는 사람을 화나게 한다. (의미②)

25. ~を余儀なくされる ~하지 않을 수 없다

의미 주변의 상황, 억압 등으로 인하여 어쩔 수 없이 ~하게 되는 경우

접속 N + を余儀なくされる

あの選手は故障で引退を余儀なくされた。

그 선수는 부상으로 은퇴할 수밖에 없었다.

大統領は国民に非難され、辞任を余儀なくされた。

대통령은 국민에게 비난을 받아 사임할 수밖에 없었다.

* ~(よ)うにも~ない는 하고 싶어도 할 수가 없는 상황, ~べくもない는 하고 싶지만 실현될 가능성이 거의 없어 보인다는 본인의 '추측'을 나타냅니다.

* ~ずにはすまない는 '사회적, 도덕적, 상식적인 것'이 전제가 됩니다. 즉, 사회적 통념상 ~하지 않으면 해결되지 않는다, ~해야만 한다는 뜻입니다. 비슷한 형태인 ~ずにはおかない는 '꼭 ~하겠다'라는 강한 주장을 할 때, 또는 자연스럽게 어떤 감정을 느끼거나 행동을 하게 만드는 상황에 사용합니다.

* ~を余儀なくされる는 본인의 의사와는 상관없이 '~할 수밖에 없는 상황이 되다'라는 의미로서 과거의 일을 설명하는 것이기에 실제 사용할 때는 ~を余儀なくされた의 형태가 됩니다. 사역형인 ~を余儀なくさせた는 '~할 수밖에 없도록 만들었다'라는 의미입니다.

26. ~に足りない ~할 가치가 없다

의미 ~할 필요가 없다, 시시하다, 보잘 것 없다 등의 판단을 표현

접속 V사전형/N + に足りない

証拠もない、ただの噂なので恐れるに足りない。(동사)
증거도 없는, 단순한 소문이니까 겁낼 필요 없다.

取るに足りない夫婦喧嘩だっだけど仲直りは難しい。(동사)
대수롭지 않은 부부싸움이었지만 화해는 어렵다.

インターネットには信頼に足りないニュースも多い。(명사)
인터넷에는 신뢰할 만하지 않은 뉴스도 많다.

01. 비슷한 표현들 비교하며 이해하기

27. ~に(は)あたらない ~할 만하지 않다

의미 '~할 만한 일이 아니다'라는 뜻으로서 객관적으로도 당연한 결과, 사실

접속 V사전형/N + に(は)あたらない

賭博で離婚された彼は同情するにあたらない。(동사)

도박으로 이혼당한 그는 동정할 가치가 없다.

世界1位の彼の優勝は驚くにはあたらない。(동사)

세계 1위인 그의 우승은 놀랄 만한 일이 아니다.

コネで就職できたものだから、称賛にはあたらない。(명사)

인맥을 통해 취직한 것이니 칭찬할 만하지는 않다.

28. ~には及ばない ~할 정도는 아니다

의미 '전혀 ~가 아닌 것은 아니지만 그렇다고 ~할 정도는 아니다'라는 주장

접속 V사전형/N + には及ばない

このアクセサリは可愛いけど商品にするには及ばない。

이 액세서리는 귀엽지만 상품으로 팔 정도는 아니다. (동사)

彼はサッカーが上手だがプロになるには及ばない。

그는 축구를 잘하지만 프로가 될 정도는 아니다. (명사)

29. ~ても始まらない ~해도 소용없다

의미 ~을 하더라도 소용없으니 다른 방법을 찾는 것이 낫다는 생각을 표현

접속 Vて형 + も始まらない

心配しても始まらないことは心配しない方がいい。

걱정해도 소용없는 일은 걱정하지 않는 편이 낫다.

もう決まったことだから文句を言っても始まらないよ。

이미 결정된 것이니 불평을 해도 달라지지 않아.

30. ~ても差し支えない ~해도 지장 없다

의미 '~해도 괜찮다', '~해도 특별히 문제가 없다' 라는 것을 정중하게 표현

접속 Vて형/イAくて/ナAで/Nで + も差し支えない (표기 : も差支えないも 가능)

電話番号は記入しなく**ても差し支えありません**。(동사)

전화번호는 기입하지 않아도 지장 없습니다.

少し遅く**ても差支えない**ので気をつけて来てください。(イ형용사)

조금 늦어도 괜찮으니 조심해서 와 주세요.

支払いは電子マネー**でも差支えない**と言いました。(명사)

결제는 전자화폐라도 문제없다고 말했습니다.

＊ ~に足りないと ~に(は)あたらないと 비슷한 의미이지만 ~に足りないと '~하기에는 조건, 요소가 부족해서' ~할 필요가 없다는 주관적인 생각인 반면, ~に(は)あたらないと '상식적으로 볼 때 당연하기에' ~할 필요가 없다는 것을 의미합니다.

＊ 及ばないと '일부러 ~할 필요까지는 없다'는 뜻으로 쓰이기도 하며 이 경우에는 '상대방의 기분, 행동 등에 대해'가 전제가 됩니다. 비슷한 표현으로 までもない(P.205 참고)도 있지만 예를 들어 '그의 말은 신경 쓸 필요가 없다'라고 할 경우는 상대방의 행동에 대한 것이기에 及ばないが 더 적당합니다.

＊ ~ても始まらないと '~해도 소용없다'라는 의미로서 주관적이고 부정적인 감정이 포함되어 있지만 ~ても差し支えないと '~해도 문제가 없는 상황'을 정중하게 설명하는 표현입니다.

31. ~だの~だの ~라든가 ~라든가

의미 별로 중요하지 않거나 현실성이 없다고 생각하는 것을 예로 들어 나열

접속 V·イA·ナA·N 보통형 + だの (ナA, N 현재 긍정에서 だ는 생략)

事故が起きた<ruby>事故<rt>じ こ</rt></ruby>が<ruby>起<rt>お</rt></ruby>きただの<ruby>殺人事件<rt>さつじん じ けん</rt></ruby>があっただの<ruby>悪<rt>わる</rt></ruby>いニュースばかりだ。(동사)

사고가 났다, 살인사건이 있었다 등 안 좋은 뉴스만 가득하다.

<ruby>夫<rt>おっと</rt></ruby>はまずいだの<ruby>甘<rt>あま</rt></ruby>いだのと私の<ruby>料理<rt>りょう り</rt></ruby>に<ruby>文句<rt>もん く</rt></ruby>ばかり言う。

남편은 맛없다, 달다 등 내 요리에 불평만 한다. (イ형용사)

<ruby>韓国<rt>かんこく</rt></ruby>にはローズデーだのキスデーだの、<ruby>記念日<rt>き ねん び</rt></ruby>が多すぎ。

한국에는 로즈데이, 키스데이 등 기념일이 너무 많다. (명사)

32. ~といい~といい ~도 그렇고, ~도 그렇고

의미 '~와 ~은 물론 그 이외의 것도 모두' 라는 주관적인 생각을 전달

접속 N + といい + N + といい

この<ruby>店<rt>みせ</rt></ruby>はチャーハンといい<ruby>餃子<rt>ぎょう ざ</rt></ruby>といい、とてもおいしい。

이 가게는 볶음밥도 그렇고 만두도 그렇고 굉장히 맛있다.

彼は<ruby>言葉遣<rt>こと ば づか</rt></ruby>いといい<ruby>思<rt>おも</rt></ruby>いやりといい、<ruby>本当<rt>ほんとう</rt></ruby>にやさしい。

그는 말 씀씀이도 그렇고 배려심도 그렇고 정말 자상하다.

33. ~といわず~といわず ~나 ~뿐만 아니라

의미 '~와 ~이외에 다른 것도 모두'라는 객관적인 사실을 설명

접속 N + といわず + N + といわず

彼は会議中<ruby>会議中<rt>かいぎちゅう</rt></ruby>といわず歩<ruby>歩<rt>ある</rt></ruby>き中<ruby>中<rt>ちゅう</rt></ruby>といわずスマホを見ている。

그는 회의 중이나 걸을 때나 스마트폰을 보고 있다.

走ってきたら顔<ruby>顔<rt>がお</rt></ruby>といわず首<ruby>首<rt>くび</rt></ruby>といわず汗<ruby>汗<rt>あせ</rt></ruby>でびっしょびっしょ。

뛰어왔더니 얼굴도 목도 모두 땀으로 흠뻑.

34. ~なり~なり ~든 ~든

의미 어떤 수단이나 방법을 예를 들어 제시하거나 조언할 때 주로 사용

접속 V사전형/N + なり

週末<ruby>週末<rt>しゅうまつ</rt></ruby>は映画<ruby>映画<rt>えいが</rt></ruby>を見に行くなりなんなり出<ruby>出<rt>で</rt></ruby>かけることが多い。

주말은 영화를 보러 간다 뭐한다 하고 외출하는 일이 많다. (동사)

一人で悩<ruby>悩<rt>なや</rt></ruby>まないで先生なり親なりに相談<ruby>相談<rt>そうだん</rt></ruby>してみて。

혼자 고민하지 말고 선생님한테든 부모님한테든 상담해 봐. (명사)

35. ~であれ~であれ ~든 ~든

의미 '둘 중 어느쪽이든'이라는 뜻으로 ~である를 한 번만 쓰기도 함

접속 N + であれ + N + であれ

明日は雨であれ雪<ruby>雪<rt>ゆき</rt></ruby>であれ富士山<ruby>富士山<rt>ふじさん</rt></ruby>を見に行くつもりだ。

내일은 비가 오든 눈이 오든 후지산을 보러 갈 생각이다.

男であれ女であれ自分<ruby>自分<rt>じぶん</rt></ruby>の意見<ruby>意見<rt>いけん</rt></ruby>をはっきり言う人が好<ruby>好<rt>す</rt></ruby>きだ。

남자든 여자든 자신의 의견을 확실히 말하는 사람이 좋다.

* AだのBだのは '~라는 둥 ~라는 둥'으로 번역할 수 있으며, 그것이 별 볼 일 없는 것 혹은 불가능하다는 생각이 담긴 표현입니다.

* AであれBであれ는 'A든 B든 양쪽 모두'라는 뜻으로서 하나만 예로 들어 男であれ大変なのは同じだ(남자라도 힘든 것은 마찬가지다)와 같이 쓸 수도 있습니다. Aといい, Bといい도 '양쪽 모두'라는 의미이지만 희망, 요구 등의 표현과 함께 쓰여 '만족스럽다'라는 기분을 전달합니다. 반면, Aなり, Bなり는 둘 중 하나라도 괜찮고 그 이외의 다른 것이라도 괜찮다는 뜻으로 사용합니다.

* 앞에 나온 표현들은 대수롭지 않다, 마음에 든다 등 말하는 사람의 감정이나 판단이 담긴 표현이지만 AといわずBといわず는 객관적인 사실, 상황을 설명할 때 사용한다는 점에서 차이가 있습니다.

36. ~がてら ~하는 김에

의미 AがてらB에서 주요 목적은 A이며, A를 하는 김에 B도 같이 하는 것을 표현

접속 Vます형/N + がてら

デパートに行きがてら近くの本屋にも寄ってきた。(동사)

백화점에 가는 김에 가까운 서점에도 들렀다 왔다.

散歩がてら、晩ご飯の弁当を買ってきた。(명사)

산책하는 김에 저녁으로 먹을 도시락을 사 왔다.

北海道への出張がてら何日間旅行をすることにした。(명사)

홋카이도로 출장을 가는 김에 며칠 여행을 하기로 했다.

37. ~かたがた ~할 겸

의미 '~와 ~를 겸해서' 라는 뜻의 정중한 표현으로서 편지, 메일 등에 자주 사용

접속 N + かたがた

お詫び<ruby>わ</ruby>かたがたご返事申し上げます。

사죄를 겸하여 답장을 보냅니다.

皆様にもお礼かたがたご挨拶をお伝え下さい。

모두에게도 감사와 함께 인사를 전해 주십시오.

38. ~かたわら ~하는 한편으로

의미 본업과 부업을 말할 때 주로 쓰며 두 행동을 동시에 하는 것은 아님

접속 V사전형/Nの + かたわら

彼女は会社に通うかたわら弁護士の勉強をしている。

그녀는 회사에 다니는 한편 변호사 공부를 하고 있다. (동사)

彼女は歌手活動のかたわら、ボランティアにも熱心だ。

그녀는 가수활동을 하는 한편 봉사활동에도 열심이다. (명사)

＊ ~がてら는 회화에서 많이 쓰이는 ついでに와 의미는 같지만 다소 딱딱한 느낌입니다. ~かたがた는 ~がてら보다도 훨씬 더 정중한 표현으로, 윗사람을 방문하거나 사과 인사를 할 때, 편지나 공식적인 자리 등에서 주로 사용합니다. 한편 ~かたわら는 개인적인 일보다 여러 가지 '사회활동'을 동시에, 계속해서 하고 있는 상황에 주로 쓰입니다.

39. ~めく ~다워지다

의미 ① '~같아 지다'로서 변화를 표현 ② 과거형 ~めいた는 '~한 요소가 강한'

접속 N + めく

今月<ruby>月<rt>つき</rt></ruby>になってからは日差<ruby>ひ<rt>ひ</rt></ruby>しがずいぶん春<ruby>はる<rt>はる</rt></ruby>めいてきた。

이번 달 들어서는 햇볕이 꽤 봄다워졌다. (의미①)

母<ruby>はなし<rt>はなし</rt></ruby>の話は、最初<ruby>さいしょ<rt>さいしょ</rt></ruby>はアドバイスだったがどんどん説教<ruby>せっきょう<rt>せっきょう</rt></ruby>めいてきた。

엄마의 이야기는 처음에는 조언이었지만 점점 설교 같아졌다. (의미①)

毎日<ruby>まいにち<rt>まいにち</rt></ruby>、高利貸<ruby>こうりか<rt>こうりか</rt></ruby>しから脅迫<ruby>きょうはく<rt>きょうはく</rt></ruby>めいた電話<ruby>でんわ<rt>でんわ</rt></ruby>がかかってくる。

매일 사채업자로부터 협박과 같은 전화가 걸려 온다. (의미②)

40. ~びる ~스러워지다

의미 부정적 의미로 자주 사용 ① ~같은 상태가 되다 ② ~같이 행동하게 되다

접속 イA어간/N + びる

このバックも結構<ruby>けっこう<rt>けっこう</rt></ruby>古<ruby>ふる<rt>ふる</rt></ruby>びてきたね。(イ형용사)

이 가방도 꽤 낡았네. (의미①)

ここは本当<ruby>ほんとう<rt>ほんとう</rt></ruby>に東京<ruby>とうきょう<rt>とうきょう</rt></ruby>かと思うほど田舎<ruby>いなか<rt>いなか</rt></ruby>びている。(명사)

여기는 정말 도쿄인가 싶을 정도로 시골스럽다. (의미①)

格好<ruby>かっこう<rt>かっこう</rt></ruby>ばかり大人<ruby>おとな<rt>おとな</rt></ruby>びて精神<ruby>せいしん<rt>せいしん</rt></ruby>はまだ子供のような人もいる。(명사)

겉모습만 어른스러워지고 정신은 아직 아이 같은 사람도 있다. (의미②)

* ~めく와 ~びる는 둘 다 '~스러운', '~다운' 등으로 번역됩니다. 단, びる는 '~에 가까운 모습, 상태가 되다, ~에 가깝게 행동하게 되다'라는 의미지만 ~めく는 '그것이 가진 본래의 특징이 뚜렷하게 드러나다'라는 의미로서 다소 차이가 있습니다.

* 예를 들어 古びて는 새 것이었다가 낡아진 것이지, 본래 갖고 있던 낡은 특징이 드러나게 된 것이 아니기 때문에 ~びる를 사용합니다. 秋めいてきた는 가을이 본래 가진 특징(단풍, 가을바람 등)이 확실히 드러나기 시작했다는 의미입니다.

41. ~まみれ ~투성이

의미 먼지, 피, 모래 등 지저분하거나 부정적인 것이 가득 붙어 있는 모습을 표현

접속 N + まみれ

車に引かれた猫は血まみれだった。

차에 치인 고양이는 피투성이였다.

いくら頑張っても借金まみれの生活から抜け出せない。

아무리 열심히 해도 빚투성이 생활에서 벗어날 수가 없다.

42. ~ずくめ ~일색의, 온통 ~인

의미 대부분이 ~로 가득 차 있는 상태, ~한 일이 많이 일어난 상황 등을 설명

접속 N + ずくめ

誰の人生も良いことずくめではない。

누구의 인생이나 좋은 일만 가득한 것은 아니다.

あの黒ずくめの男、なんか怪しくない？

저 온통 검은색 복장의 남자, 뭔가 수상하지 않아?

01. 비슷한 표현들 비교하며 이해하기

就職、結婚など今年は幸せずくめの年でした。

취직, 결혼 등 올해는 행복이 가득한 해였습니다.

43. ~ぐるみ ~모두

의미 '~을 포함해 몽땅' 이라는 뜻으로서 일부가 아닌 그 전체를 표현

접속 N + ぐるみ

あの友達とは家族ぐるみの付き合いをしている。

그 친구와는 가족 전체가 함께 어울리며 지낸다.

会社ぐるみのいじめのため、退職してしまった。

회사 차원의 따돌림 때문에 퇴직하고 말았다.

* まみれ는 흙, 땀, 피, 먼지 등 '크기가 작고 좋지 않은 것'이 전체에 붙어 있는 경우, ずくめ는 다른 것은 없고 특정한 것 하나만이 전체를 다 차지하고 있는 경우입니다.

* ~まみれ는 피, 땀 등 액체에 대해서도 사용하지만 ~ずくめ는 사용하지 않습니다. ずくめ는 주로 검은색, 청색 등 색상이나 좋은 일, 기쁜 일 등 생활 속 경험 등에 사용됩니다.

* ~ぐるみ는 '일부가 아닌 전체'를 뜻합니다. 가장 많이 사용되는 家族ぐるみ는 가족 중 몇 명이 아니라 '가족 전체', 会社ぐるみ는 '회사 전체'를 뜻합니다.

44. ~なりとも ~만이라도

의미 최소한의 조건을 설명. 뒤에는 주로 부탁, 바람 등을 표현

접속 N + なりとも

多少<ruby>た<rt></rt></ruby>なりとも皆<ruby>みな<rt></rt></ruby>に役<ruby>やく<rt></rt></ruby>に立<ruby>た<rt></rt></ruby>つことを願<ruby>ねが<rt></rt></ruby>っております。

조금이라도 모두에게 도움이 되기를 바라고 있습니다.

お顔<ruby>かお<rt></rt></ruby>なりとも伺<ruby>うかが<rt></rt></ruby>いたいのですが…。

최소한 얼굴만이라도 뵙고 싶습니다만….

45. ~たりとも 단 ~조차도

의미 앞에 한 번, 1초 등 최소의 단위가 나와 '다른 것은 물론이고 ~조차'

접속 N + たりとも

私<ruby>わたし<rt></rt></ruby>は取引先<ruby>とりひきさき<rt></rt></ruby>から一円<ruby>いちえん<rt></rt></ruby>たりとももらっていません。

나는 거래처에서 단 1엔도 받지 않았습니다.

1秒<ruby>びょう<rt></rt></ruby>たりとも無駄<ruby>むだ<rt></rt></ruby>に使<ruby>つか<rt></rt></ruby>わないように。

단 1초도 헛되게 쓰지 않도록.

赤<ruby>あか<rt></rt></ruby>ちゃんからは一瞬<ruby>いっしゅん<rt></rt></ruby>たりとも目<ruby>め<rt></rt></ruby>を離<ruby>はな<rt></rt></ruby>すことができない。

갓난아기에게서는 단 한 순간도 눈을 뗄 수가 없다.

＊ なりとも는 '최소한 ~만이라도(가능하다면 그 이상)'이라는 뜻으로 최소한의 기준을 말하며 뒤에는 희망, 부탁 등의 내용이 옵니다. 반면 ~たりとも는 '다른 것은 당연하고 ~조차도'라는 뜻으로서 앞에는 주로 1초, 1엔처럼 최소 단위, 숫자 등이 나옵니다.

02. 여러 가지 의미가 있는 단어들

46. もの

(1) ~というもの ~동안이나

의미 어떤 기간을 말하는 것으로 그 기간이 매우 길게 느껴진다는 감정을 포함

접속 N + というもの

あの先輩とは10年**というもの**、会っていない。

그 선배와는 10년이나 만나지 못하고 있다.

彼は一年間**というもの**、一人で海外旅行をしてきた。

그는 1년간이나 혼자서 해외여행을 하고 왔다.

(2) ~ものを ~했을텐데

의미 문장 끝에 쓰여 '~하면 ~했을 것을'이라는 안타까움, 아쉬움을 표현

접속 V·イA 보통형/ナA명사수식형 + ものを

雨に降られたの？電話したら迎えに行った**ものを**。(동사)

비 맞았어? 전화하면 데리러 갔을 텐데.

遅くなる時はメールでもくれればいい**ものを**。(イ형용사)

늦어질 때는 문자라도 보내주면 좋을 텐데.

まだ車を直しているの？業者に任せば簡単な**ものを**。

아직 자동차를 고치고 있어? 업체에 맡기면 간단할 것을. (ナ형용사)

(3) ~ものとする ~하는 것으로 하다

의미 '~라고 생각하다', 혹은 '~라고 정하다'라는 뜻으로서 계약서 등에 자주 사용

접속 V보통형 + ものとする

契約者はこの部屋でペットを飼わない**ものとする**。

계약자는 이 방(집)에서 애완동물을 기르지 않기로 한다.

雇用契約の延長は相互の同意による<mark>ものとする</mark>。

고용계약 연장은 상호 동의에 따라 하는 것으로 한다.

私は参加できない<mark>ものとして</mark>約束時間を決めて。

나는 참가 못 하는 걸로 생각하고 약속시간을 정해.

(4) ~ないものでもない ~할 수 없는 것도 아니다

의미 '~하지 못할 것도 없다', 즉 할 가능성도 있다는 것을 강조하는 표현

접속 Vない형 + ないものでもない

難しい試験だけど頑張れば合格<mark>できないものでもない</mark>。

어려운 시험이지만 열심히 하면 합격 못 할 것도 아니다.

ぜひ来てほしいと言うなら<mark>行けないものでもない</mark>が。

꼭 와 달라고 말한다면 못 갈 것도 없지만.

(5) よく(も) ~ものだ 용케도 ~했구나

의미 상대를 칭찬, 감탄하는 표현이지만 때론 빈정거림의 뉘앙스로도 사용

접속 よく(も) + V사전형/Vた형 + ものだ

ミスばかりするくせに<mark>よくも</mark>「できる」と言う<mark>ものだ</mark>な。

계속 실수만 하는 주제에 잘도 "할 수 있다"라고 말하는구나. (V사전형)

この問題本当に難しいね。<mark>よくも</mark>解けた<mark>ものだ</mark>。 (Vた형)

이 문제 정말 어렵네. 용케도 풀었네.

たった4歳の子供が<mark>よく</mark>一人で帰ってきた<mark>ものだ</mark>。 (Vた형)

겨우 4살인 아이가 용케 혼자서 집에 왔구나.

02. 여러 가지 의미가 있는 단어들

47. こと

(1) ~こととて ~이므로

의미 '~이오니' 등 이유를 말하는 정중한 표현으로 사과, 부탁에 주로 사용

접속 V・イA 보통형/ナA・N 명사수식형 + こととて

慣(な)れぬこととて、頑張(がんば)りましたがこれしか出来(でき)ませんでした。

익숙하지 않은 일이라 열심히 했습니다만 이것밖에 못했습니다. (동사)

あまりにも急(きゅう)なこととて、まだなんの準備(じゅんび)もできてない。

너무나 갑작스러운 일이라 아직 아무 준비도 하지 못했다. (ナ형용사)

急(きゅう)な休業(きゅうぎょう)のこととて、大変(たいへん)申(もう)し訳(わけ)ございません。

갑자기 휴업하게 되어 대단히 죄송합니다. (명사)

(2) ~ことなしに(は) ~하지 않고(는)

의미 '~하는 일 없이(는)'라는 뜻으로서 ~ことなく의 형태로도 사용

접속 V사전형 + ことなしに(は)

友達(ともだち)は少(すこ)しもためらうことなしにお金(かね)を貸(か)してくれた。

친구는 조금도 망설이지 않고 돈을 빌려주었다.

まだ辞書(じしょ)を引(ひ)くことなしには翻訳(ほんやく)が出来(でき)ない。

아직 사전을 찾지 않고는 번역을 할 수 없다.

(3) ~たことにする ~한 셈 치다

의미 실제로는 ~하지 않았지만 '~한 것으로 생각하다'라는 주관적인 결정, 판단

접속 Vた형 + ことにする

今回(こんかい)のことはなかったことにしましょう。

이번 일은 없었던 일로 합시다.

食べ過ぎをなかったことにしてくれるダイエットサプリが人気だ。

과식을 없었던 것으로 해주는 다이어트 보조제가 인기다.

(4) ~ことだし   ~이기도 하니까

의미   여러 가지 이유에 또 하나의 가벼운 이유를 추가로 말할 때 사용하는 표현

접속   V・イA 보통형/ナA・N 명사수식형 + ことだし

就職も出来たことだし、そろそろ結婚を考えてみたら？

취직도 되었으니 슬슬 결혼을 생각해보는 게 어때? (동사)

風邪だから今日はジムを休もう。寒いことだし。(イ形容詞)

감기니까 오늘은 헬스장 (가는 거) 쉬자. 춥기도 하니.

入試は誰にでも大変なことだし、頑張るしかないでしょう。

입시는 누구한테나 힘든 일이니 열심히 하는 수밖에 없겠죠. (ナ形容詞)

(5) ~ことはないにしても   ~하는 일은 없다고 해도

의미   극단적 상황을 예로 들어 ~까지는 아니더라도 다른 무언가가 있음을 표현

접속   V사전형/Vない형 + ことはないにしても

一回のミスで首になることはないにしても評価は下がる。

한 번의 실수로 해고당하지는 않더라도 평가는 낮아진다. (V사전형)

指の怪我で仕事が出来ないことはないにしても、不便だ。

손가락을 다쳤다고 일을 할 수 없는 것은 아니지만 불편하다. (Vない형)

02. 여러 가지 의미가 있는 단어들

48. まで

(1) ~てまで ~하면서까지

의미 '~까지 해서 ~하다' 라는 형태로 주로 쓰이며 부정적인 자신의 의견을 표현

접속 Vて형 + まで

友達を裏切ってまで成功したくはない。

친구를 배신하면서까지 성공하고 싶지는 않다.

ゲーム機をお金を貸してまで買うなんて理解できない。

게임기를 돈을 빌려서까지 사다니 이해할 수 없다.

(2) ~ないまでも ~까지는 아니더라도

의미 ~까지는 아니더라도 그와 비슷한 수준에 해당하는 다른 무언가를 제시할 때

접속 Vない형 + ないまでも

現地には行けないまでも、日本と関わりのある仕事がしたい。

현지에는 가지 못하더라도 일본과 관련된 일을 하고 싶다.

ルール違反とは言わないまでも、マナー違反とは言える。

규칙 위반이라고 하지는 않더라도 매너 위반이라고 할 수는 있다.

(3) ~までもない ~할 필요도 없다

의미 '~할 필요가 없다', '당연하다' 라는 주관적인 생각을 강조할 때 사용

접속 V사전형 + までもない

タバコが健康に悪いのは言うまでもない。

담배가 건강에 나쁘다는 것은 말할 필요도 없다.

あのチームがまた勝った？まぁ、驚くまでもないけどね。

저 팀이 또 이겼어? 뭐, 놀랄 것까지도 없지만.

(4) ~たらそれまでだ　~하면 그것으로 끝이다

의미 ~ばそれまでだ의 형태도 쓰며 '~하면 더 이상 해결 방법이 없다'라는 뜻

접속 Vたら형/Vば형 + それまでだ

いくらお<ruby>金<rt>かね</rt></ruby>があっても<ruby>病気<rt>びょうき</rt></ruby>で<ruby>倒<rt>たお</rt></ruby>れ**たらそれまでだ**。(Vたら형)

아무리 돈이 있어도 병으로 쓰러지면 그것으로 끝이다.

この<ruby>試合<rt>しあい</rt></ruby>で<ruby>負<rt>ま</rt></ruby>けれ**ばそれまでだ**。<ruby>頑張<rt>がんば</rt></ruby>ろう！(Vば형)

이 시합에서 지면 그것으로 끝이다. 힘내자!

(5) ~まで(のこと)だ　~하면 그만이다

의미 방법, 행동을 제시하며 '그렇게 하면 문제 없다'라는 주관적 생각을 표현

접속 V사전형 + までだ

<ruby>終電<rt>しゅうでん</rt></ruby>を<ruby>逃<rt>のが</rt></ruby>したらタクシーで<ruby>帰<rt>かえ</rt></ruby>る**までだ**。

마지막 전철을 놓치면 택시 타고 가면 그만이다.

<ruby>今回<rt>こんかい</rt></ruby><ruby>不合格<rt>ふごうかく</rt></ruby>だったら、<ruby>今度<rt>こんど</rt></ruby>また<ruby>挑戦<rt>ちょうせん</rt></ruby>する**までだ**。

이번에 불합격하면 다음에 다시 도전하면 된다.

<ruby>警察<rt>けいさつ</rt></ruby>に<ruby>聞<rt>き</rt></ruby>かれたら<ruby>見<rt>み</rt></ruby>たことをそのまま<ruby>言<rt>い</rt></ruby>う**までのことだ**。

경찰에게 질문을 받으면 본 것을 그대로 말하면 된다.

49. 言う

(1) ~とはいえ ~라고 해도

의미 '~일지라도', '~했다 하더라도' 라는 뜻으로서 주로 아쉬움, 후회 등을 표현

접속 V·イA·ナA·N 보통형 + とはいえ(ナA, N 현재 긍정에서 だ는 생략 가능)

知らなかった**とはいえ**、失礼なことを言ってすまなかった。(동사)
몰랐다고 하더라도 실례되는 말을 해서 미안했다.

お金が欲しい**とはいえ**、盗むわけにはいかない。(イ형용사)
돈이 필요하다고 해도 훔칠 수는 없다.

体調不良だった**とはいえ**連絡もしないで来ないって。(명사)
몸이 안 좋았다고 해도 연락도 없이 안 오다니.

(2) ~といえども ~이기는 하지만

의미 '~라 할지라도', '~한 상황이기는 하지만'의 뜻으로서 정중한 고어체 표현

접속 V·イA·ナA·N 보통형 + といえども (ナA, N 현재 긍정에서 だ는 생략 가능)

今回の問題は解決した**といえども**、まだ安心できない。
이번 문제는 해결했다고 해도 아직 안심할 수 없다. (동사)

泰山がいかに高い**といえども**天の下にある。(イ형용사)
태산이 아무리 높다고 해도 하늘 아래에 있다.

大統領**といえども**、やってはいけないことがある。(명사)
대통령이라 할지라도 해서는 안 되는 일이 있다.

(3) ~かというと ~인가 하면

의미 '~かというと~ない(~인가 하면 꼭 ~하지도 않다)'의 형태로 자주 사용

접속 V·イA·ナA·N 보통형 + かというと(ナA, N 현재 긍정에서 だ는 생략 가능)

本を読むと誰でも作家になれる**かというと**、そうでもない。

책을 읽으면 누구나 작가가 될 수 있는가 하면 그렇지도 않다. (동사)

事業で何が一番大変**かというと**やっぱりお金のことだろう。

사업에서 뭐가 가장 힘든가 하면 역시 돈에 관한 일일 것이다. (ナ형용사)

私はどちら**かというと**友達が多い方ではありません。

나는 어느 쪽인가 하면(=굳이 말하자면) 친구가 많은 편은 아닙니다. (명사)

(4) ~というよりむしろ ~보다 오히려

의미 두 가지를 비교해 본다면 어느 한 쪽으로 더 치우친다는 자신의 생각을 표현

접속 V·イA·ナA·N 보통형 + というよりむしろ (ナA, N 현재 긍정에서 だ는 생략)

彼は歌っている**というよりむしろ**絶叫しているようだ。

그는 노래하고 있다기보단 절규하는 것 같다. (동사)

彼との別れは悪い**というよりむしろ**いいことかもしれない。

그와의 이별은 안 좋은 일이라기보단 오히려 좋은 일일 지도 모른다. (イ형용사)

一方的な連絡は愛情**というよりむしろ**ストーカーに近い。

일방적인 연락은 애정이라기보다 스토커에 가깝다. (명사)

02. 여러 가지 의미가 있는 단어들

(5) ~に言わせれば ~에게 묻는다면

의미 앞에 사람을 뜻하는 단어를 쓰며 '~의 입장에서 본다면'

접속 N + に言わせれば

お父さんに言わせれば、彼はもう家族のようなものだ。

아버지 입장에서 그는 이제 가족과 같은 존재다.

私に言わせれば、今回の事件で一番悪いのは大統領です。

내게 묻는다면(=내 생각에), 이번 사건에서 가장 나쁜 것은 대통령입니다.

02. 여러 가지 의미가 있는 단어들

50. 限る ^{かぎ}

(1) ~に限る ~가 최고다

의미 '~에는 ~만한 게 없다' 라는 뜻으로서 주관적인 생각, 판단을 강조해서 전달

접속 V사전형/Vない형/N + に限る

仕事_{しごと}でストレスが溜_たまった時_{とき}は寝_ねるに限る。(V사전형)

일 때문에 스트레스가 쌓였을 때는 자는 게 최고다.

知_しらない人_{ひと}からの怪_{あや}しいメールはクリックしないに限る。

모르는 사람한테서 온 의심스러운 메일은 클릭하지 않는 게 제일 좋다. (Vない형)

こんな暑_{あつ}い日には冷_{つめ}たい生_{なま}ビールに限る。(명사)

이렇게 더운 날에는 시원한 생맥주가 최고다.

(2) ~限りだ 매우 ~하다

의미 '~하기 그지없다' 라는 기분을 표현하며 앞에는 감정에 관한 단어가 옴

접속 イAい/ナAな + 限りだ

待_まちに待_まった合格通知_{ごうかくつうち}。嬉_{うれ}しい限りだ。(イ형용사)

기다리고 기다리던 합격통지. 너무나 기쁘다.

久_{ひさ}しぶりの同窓会_{どうそうかい}なのに来_こないって残念_{ざんねん}な限りだ。(ナ형용사)

간만의 동창회인데 안 온다니 너무 아쉽다.

(3) ~を限りに ~을 끝으로

의미 어떠한 변화가 일어나기 전의 마지막 시기 또는 계기를 표현

접속 N + を限りに

あの選手_{かしゅ}はこの試合_{しあい}を限りに引退_{いんたい}するらしい。

저 선수는 이 시합을 끝으로 은퇴한다고 하더라.

12月31日を限りに閉店する予定です。

12월 31일을 끝으로 폐점할 예정입니다.

(4) ~ないとも限らない 꼭 ~가 아니라고 할 수도 없다

의미 '~할 가능성이 없지는 않다', 즉 조금이라도 가능성이 있음을 표현

접속 Vない형/イAく/ナAでは(じゃ)/Nでは(じゃ) + ないとも限らない

小さな傷だけど炎症を起こさないとも限らない。(동사)

작은 상처이지만 염증이 생길 가능성은 있다.

人気のない映画は面白くないとも限らない。(ィ형용사)

'인기가 없는 영화는 재미없다'라고 단정지을 수는 없다.

合格ではないとも限らないから結果を待ってみよう。(명사)

꼭 합격이 아니라고 할 수도 없으니 결과를 기다려보자.

(5) ~に限ったことではない ~뿐만이 아니다

의미 '~에 한정된 일이 아니다', 즉, 그 이외의 것들도 있다는 것을 표현

접속 N + に限ったことではない

健康を害するのは、お酒に限ったことではない。

건강을 해치는 것은 술뿐만이 아니다.

有休が取れないのはうちの会社に限ったことではない。

유급휴가를 쓰지 못하는 것은 우리 회사만이 아니다.

02. 여러 가지 의미가 있는 단어들

51. こそ

(1) ~こそあれ ~은 있을지언정

의미 '~은 있더라도' 라는 뜻으로서 뒤에는 주로 예상과 다른 내용이 옴

접속 ナAで/N + こそあれ (동사는 ます형 + こそすれ)

この家は交通は不便でこそあれ過ごしやすいです。

이 집은 교통은 불편하지만 지내기 편해요. (ナ형용사)

人は程度の差こそあれ、誰もが可能性を持っている。

사람은 정도의 차이는 있더라도 누구나가 가능성을 품고 있다. (명사)

あなたのことを心配しこそすれ、憎むことはないよ。

너를 걱정하는 일은 있을지언정 미워하는 일은 없어. (동사)

(2) ~てこそ ~하게 되어서야 비로소

의미 '~하고 나서야 진정으로 ~하게 되다'와 같이 뒤늦게 깨달은 것을 표현할 때 적합

접속 Vて형 + こそ

親になってこそ、親のありがたさが分かりました。

부모가 되고 나서야 부모님의 고마움을 알았습니다.

日本で過ごしてみてこそ理解出来る文化がある。

일본에서 생활해 보고 나서야 이해할 수 있는 문화가 있다.

(3) ~ばこそ ~이기에

의미 '다른 것이 아니라 바로 ~이기 때문에' 라는 뜻으로서 '이유'를 강조

접속 V・イA ば형/ナA어간+であれば/Nであれば + こそ

親が小言を言うのはあなたのことを心配していればこそだ。

부모님이 잔소리하는 것은 너를 걱정하기 때문이다. (동사)

02. 여러 가지 의미가 있는 단어들

辛ければこそもっと頑張ろうと気持ちになれるかも。

괴롭기 때문에 더 열심히 하자는 마음을 가질 수 있을지 몰라. (イ형용사)

皆さんの支えがあればこそ、ここまで来られました。

여러분의 도움이 있었기에 여기까지 올 수 있었습니다. (명사)

52. 及ぶ

(1) ~は言うに及ばず ~은 물론이거니와

의미 '~은 당연하고 그 이외의 것들도 모두' 라는 뜻의 문어체 표현

접속 N + は言うに及ばず

文系は言うに及ばず、理·工学系も就職が大変だ。

문과 계열은 물론이고 이공계도 취직이 힘들다.

日本のアニメは子供は言うに及ばず、大人にも人気だ。

일본 애니메이션은 아이들은 물론이고 어른들에게도 인기다.

(2) ~には及ばない ~에는 미치지 못하다

의미 p.191의 '~할 정도는 아니다'와 형태는 같지만 앞에 명사만 쓸 수 있다는 점에 주의

접속 N + には及ばない

Aもいい選手だけど、まだ先輩のBには及ばない。

A도 좋은 선수이지만 아직 선배인 B에는 못 미친다.

本当に頑張ったが彼女の成績には及ばなかった。

정말 열심히 했지만 그녀의 성적에는 미치지 못했다.

02. 여러 가지 의미가 있는 단어들

53. ~をもって

(1) 기준 시간 ~에

의미 앞에 날짜, 시간을 나타내는 단어가 나와 어떤 일이 행해지는 시점을 표현

접속 N + をもって

1月31日をもって退社することになりました。

1월 31일을 끝으로 퇴사하게 되었습니다.

本日の営業は午後5時をもちまして終了いたします。

오늘 영업은 오후 5시에 종료하겠습니다.

(2) 수단, 방법 ~을 통해

의미 '~로', '~을 이용하여' 등 수단이나 방법을 나타내는 문어체 표현

접속 N + をもって

身をもって感じた経験はなによりも大事だ。

몸으로 느낀 경험은 무엇보다도 귀중하다.

面接の結果はメールをもってお知らせします。

면접 결과는 메일을 통해 알려드리겠습니다.

(3) 이유, 원인 ~로 인해

의미 어떤 일이 일어난 이유, 원인을 설명하는 문어체 표현

접속 N + をもって

社長は不正の発覚をもって辞任することになった。

사장은 부정행위가 발각되어 사임하게 되었다.

あのバンドはギタリストの死をもって解散した。

그 밴드는 기타리스트의 죽음으로 인해 해산했다.

02. 여러 가지 의미가 있는 단어들

54. ばかり

(1) ~とばかりに　마치 ~라는 듯이

의미 '실제로 ~는 아니지만 마치 그렇다는 듯이' 라는 주관적인 느낌을 표현

접속 V보통형·명령형/イA·ナA·N보통형/인용문 + とばかりに

先生は遅刻した学生に出て行け**とばかりに**ドアを指差した。

선생님은 지각한 학생에게 나가라는 듯이 문을 가리켰다. (동사)

事故を起こした相手が、私が悪かった**とばかりに**言った。

사고를 낸 상대방이 마치 내가 잘못했다는 듯이 말했다. (イ형용사)

彼女は喧嘩の途中、「もういい」**とばかりに**部屋を出ていった。

그녀는 싸움 도중에 '이제 됐어'라는 듯이 방을 나갔다. (인용문)

(2) ~んばかりに　~할 듯이

의미 타인, 사물을 보고 느낀 주관적 감정. 명사를 수식할 때는 ~んばかりの

접속 Vない형 + んばかりに (단, するは せんばかりに)

彼は「別れよう」と言わ**んばかりに**冷たい目で私を見た。

그는 "헤어지자"라고 말할 것처럼 차가운 눈빛으로 나를 보았다.

なにがあったのか、子供は泣か**んばかりの**顔だった。

무슨 일이 있었는지, 아이는 곧바로 울 듯한 얼굴이었다.

あるカップルが喧嘩せ**んばかりに**睨み合っていた。

어느 커플이 금방이라도 싸움을 할 듯이 서로 째려보고 있었다.

02. 여러 가지 의미가 있는 단어들

55. ところ

(1) ~たところで ~하더라도

의미 ~해 봤자 큰 도움이 되지 않는다, 별다를 것이 없다는 주관적 판단

접속 Vた형 + ところで

一人ひとりで悩なやんだ**ところで**状況じょうきょうは何なにか変わらない。

혼자 고민해도 상황은 아무것도 바뀌지 않는다.

親おやが反対はんたいした**ところで**音楽おんがくを諦あきらめることはない。

부모가 반대하더라도 음악을 포기하는 일은 없다.

(2) ~ところだった ~할 뻔했다

의미 나쁜 일이 일어나기 직전이었음을 표현

접속 V사전형 + ところだった

JLPTの受付うけつけが明日までなのに忘わすれる**ところだった**。

JLPT 접수가 내일까지인데 잊어버릴 뻔했다.

急きゅうに自転車じてんしゃが飛び出と だしてきてぶつかる**ところだった**。

자전거가 갑자기 튀어나와서 부딪힐 뻔했다.

(3) ~というところだ ~정도이다

의미 ~といったところだ의 형태로도 쓰이며 '많아도 약 ~정도다'라는 한계

접속 V사전형/N + というところだ

趣味しゅみと言ったらたまに映画えいがを見る**といったところだ**。

취미라고 하면 가끔 영화를 보는 것 정도다. (동사)

彼氏かれしと会えるのは週しゅうに1回かい**というところだ**。

남자친구와 만날 수 있는 것은 일주일에 한 번 정도다. (명사)

56. ながら

(1) ~ながらに ~그대로, ~하면서

의미 ① ~때부터 지금까지 계속 ② ~하면서(동시 동작)

접속 Vます형/N + ながらに(뒤에 나오는 명사를 수식할 때는 ながらの + N)

人は生まれ**ながらに**性格が決まっているかもしれない。

사람은 태어날 때부터 성격이 결정되어 있을지도 모른다. (동사) (의미②)

あの店は今も昔**ながらの**やり方でせんべいを焼いている。

저 가게는 지금도 옛 방식 그대로 센베를 굽고 있다. (명사) (의미①)

友達は彼氏との別れ話を涙**ながらに**語った。

친구는 남자친구와의 이별 이야기를 눈물을 흘리며 말했다. (명사) (의미②)

(2) ~もさることながら ~도 물론이거니와

의미 'A도 ~하고 B도 ~하다'라는 뜻이지만 뒤에 나오는 B를 조금 더 강조

접속 N + もさることながら

このアニメは映像**もさることながら**、ストーリも美しい。

저 애니메이션은 영상도 물론이고 내용도 아름답다.

給料**もさることながら**福利厚生も考慮して就職先を決めた。

월급은 물론이고 복지까지 고려해서 취직할 곳을 결정했다.

57. 至^{いた}る

(1) ~の至り 너무나 ~하다

의미 '매우 ~하다', '~하기 그지없다' 라는 주관적 감정을 표현하는 문어체 표현

접속 N + の至り

尊敬^{そんけい}する先生にお会^あいでき、光栄^{こうえい}の至りです。

존경하는 선생님과 만나 뵙게 되어 너무나 영광입니다.

当時^{とうじ}は若^{わか}きの至りでよく生意気^{なまいき}なことを言っていた。

당시에는 너무 젊어서 건방진 말을 자주 했었다.

(2) ~に至っては 특히 ~는

의미 '~은 특히 ~해서~' 등으로 번역되며 부정적 결과에 자주 사용

접속 N + に至っては

景気^{けいき}が悪く、株価^{かぶか}に至っては1か月^{げつ}で30%も下落^{げらく}した。

경기가 안좋아서 특히 주가는 한 달 사이에 30%나 하락했다.

JLPTは難^{むずか}しかった。聴解^{ちょうかい}に至ってはほとんど解^とけなかった。

JLPT는 어려웠다. 특히 청해는 거의 못 풀었다.

(3) ~に至るまで ~에 이르기까지

의미 ① ~에서 ~까지 모두 ② 어떤 시간, 과정을 거쳐 '~에 이르기까지'

접속 N + に至るまで

この曲^{きょく}は子供から大人に至るまで、皆^{みな}に愛^{あい}されている。

이 노래는 아이부터 어른까지 모두에게 사랑받고 있다. (명사) (의미①)

この賞を受賞するに至るまで様々な方に支えられてきました。

이 상을 수상할 때까지 많은 분들의 도움을 받아왔습니다. (동사) (의미②)

出会いから結婚に至るまで10年もかかった。

첫 만남에서 결혼에 이르기까지 10년이나 걸렸다. (명사) (의미②)

58. 堪える

(1) ~に堪える ~할 만한

의미 '~할 만한 가치가 있는'이라는 주관적인 평가, 판단을 표현

접속 V사전형/N + に堪える

趣味だと言うけど彼の絵は展示するに堪えるものが多い。

취미라고 말하지만 그의 그림은 전시할 만한 수준의 것이 많다. (동사)

建設現場から検証に堪える歴史記録物が見つかった。

건설현장에서 검증할 만한 가치가 있는 역사기록물이 발견되었다. (명사)

(2) ~に堪えない 참고 ~하기 어렵다

의미 ① 너무 ~해서 ~하고 있을 수 없다 ② 앞에 명사가 오면 '매우 ~하다'

접속 V사전형/N + に堪えない

あの交通事故は見るに堪えないほど悲惨だった。

그 교통사고는 보고 있을 수 없을 정도로 비참했다. (동사) (의미①)

夢だったこの賞をいただき、喜びに堪えません。

꿈이었던 이 상을 받아 너무나 기쁩니다. (명사) (의미②)

59. ~放題 마음껏 ~하다

의미 하고 싶은 만큼, 무제한으로 할 수 있는 것, 또는 마음대로 하는 상황

접속 Vます형/Vます형たい + 放題 (예외. 好き放題 좋아하는 대로 마음껏)

今日は飲み放題の居酒屋でいっぱい飲もう。

오늘은 주류 무제한 술집에서 실컷 마시자. (Vます형)

日本で「バイキング」とは食べ放題の店のことをいう。

일본에서 '바이킹'은 무제한으로 먹을 수 있는 가게를 말한다. (Vます형)

あなたは相変わらずやりたい放題だね。

너는 여전히 하고 싶은 대로 다 하는구나. (Vます형たい)

60. ~(で)すら ~조차

의미 하나를 예로 들어 '~마저 ~하니 그 이외의 것(사람)은 당연히~'

접속 N + (で)すら

家族すら彼女の病気に気がつかなかったそうだ。

가족조차 그녀의 병을 알아채지 못했다고 한다.

入試に学校の先生ですら解けない問題が出た。

입학시험에 학교 선생님조차 못 푸는 문제가 나왔다.

風邪がひどくて出社どころか起きることすら出来なかった。

감기가 심해서 출근은커녕 일어나는 것조차 할 수 없었다.

61. ~はおろか ~은 커녕

의미 '~은 커녕 ~조차 할 수 없다'와 같이 부정적 내용에 주로 사용

접속 V사전형の/N + はおろか

腰が痛くて走るの<u>はおろか</u>、歩くのも大変だ。(동사)

허리가 아파서 뛰는 것은커녕 걷는 것조차 힘들다.

今年は夏休み<u>はおろか</u>、週末もなかなか休めない。(명사)

올해는 여름휴가는커녕 주말에도 좀처럼 쉴 수 없다.

62. (ただ) ~のみ (단지) ~뿐

의미 다른 것은 없고 단지 ~밖에 없음을 강조. ただ 대신 ひとり도 사용

접속 V사전형/イAい/N + のみ

事故はまだ収拾中なので皆の無事を祈る<u>のみ</u>だ。(동사)

사고는 아직 수습 중이기 때문에 모두 무사하기를 빌 뿐이다.

<u>ただ</u>優しい<u>のみ</u>ではいい先生になれないのです。(イ형용사)

단지 자상한 것만으로는 좋은 선생님이 될 수 없습니다.

試合で勝つために必要なのは<u>ただ練習のみ</u>だ。(명사)

시합에서 이기기 위해 필요한 것은 단지 연습뿐이다.

63. ~あっての ~가 있어야만 가능한

의미 '~이 있어야만 성립되는' 이라는 뜻으로서 꼭 필요한 요소, 조건을 강조

접속 N + あっての

健康<u>あっての</u>仕事だからあまり無理はしないでね。

건강해야 일도 할 수 있으니 너무 무리하지 마.

お客様<u>あっての</u>お店だからサービスは何より大事だ。

손님이 있어야 가게가 있는 것이니 서비스는 다른 무엇보다 중요하다.

64. ~ごとき ~와 같은

의미 ① ~のような의 문어체 표현

② (사람을 뜻하는 명사) + ごとき는 '겨우 ~같은'. 겸손 또는 비하의 뉘앙스

접속 V사전형 + が/V사전형 + かの/Vた형 + が/Vた형 + かの/N(の) + ごとき

彼はずっと泣いていたかのごとき顔だった。(Vた형 + かの)

그는 계속 울고 있었던 것 같은 얼굴이었다. (의미①)

写真で見た若い時の母は、花のごとき美人だった。(명사)

사진에서 본 젊은 시절의 엄마는 꽃과 같은 미인이었다. (의미①)

私ごとき素人を参加させてくださってありがとうございます。

겨우 저 같은 아마추어를 참가시켜 주셔서 감사합니다. (명사) (의미②)

65. ~ごとく ~와 같이

의미 '~처럼', '~같이' 라는 의미인 '~のように'의 문어체 표현

접속 V사전형 + が/V사전형 + かの/Vた형 + が/Vた형 + かの/Nの + ごとく

あの作家は眠るがごとくこの世を去った。(V사전형 + が)

그 작가는 잠이 드는 것처럼 이 세상을 떠났다.

彼女は犯人を知っているかのごとく詳しく説明した。

그녀는 범인을 알고 있는 것처럼 자세하게 설명했다. (V사전형 + かの)

お金を湯水のごとく使った彼は結局破産した。(명사)

돈을 물 쓰듯 썼던 그는 결국 파산했다.

66. ~まじき ~있을 수 없는

의미 직업이나 입장 등을 고려할 때 '결코 ~하면 안 된다'는 비판, 비난의 의견

접속 V사전형 + まじき

遺産だけもらって親を捨てるなんて、許すまじき行為だ。

유산만 받고 부모를 버리다니 용서할 수 없는 행위다.

教え子の論文を盗むのは、教授としてあるまじきことだ。

제자의 논문을 훔치는 것은 교수로서 있을 수 없는 일이다.

67. ~べからず ~하면 안 된다

의미 문장 끝에 사용하며 '금지'를 알리는 게시글에 주로 쓰는 고어체 표현

접속 V사전형 + べからず (するる すべからず, するべからず 모두 가능)

この先は工事中のため、立ち入るべからず。

이 앞쪽은 공사 중이니 들어가면 안 됩니다.

住民以外はここにゴミを捨てるべからず。

주민 이외에는 이곳에 쓰레기를 버리지 마시오.

68. ~べからざる 결코 ~할 수 없다

의미 일반적인 상식, 도덕적으로 볼 때 '할 수 없는' 혹은 '하면 안 되는 것'을 강조

접속 V사전형 + べからざる(するる すべからざる, するべからざる 모두 가능)

学生に対する教師の差別は許すべからざる行為だ。

학생에 대한 교사의 차별은 용서할 수 없는 행위다.

現代人に携帯は欠くべからざる存在になっている。

현대인들에게 휴대전화는 빼놓을 수 없는 존재가 되어 있다.

69. ~を経て ~을 거쳐서

의미 어떤 상황이나 결과에 이르기까지 거쳐 온 시간이나 과정을 설명

접속 N + を経て

彼女は5年間のモデル活動を経て俳優になった。

그녀는 5년간의 모델 활동을 거쳐 배우가 되었다.

彼は派遣社員から契約社員を経て正社員になった。

그는 파견사원에서 계약사원을 거쳐 정사원이 되었다.

70. ~を踏まえて ~을 고려하여

의미 '~을 전제로 하여' 라는 뜻으로서 어떤 판단, 결정의 근거나 배경을 표현

접속 N + を踏まえて

アンケートの結果を踏まえて新しい計画を立てます。

설문조사 결과를 바탕으로 새로운 계획을 세우겠습니다.

教授は知識や経験を踏まえてアドバイスをした。

교수는 지식과 경험을 바탕으로 조언을 했다.

71. ~と相まって ~와 어우러져

의미 어떤 상황이나 조건에 또 다른 것이 겹치거나 더해지는 것을 의미

접속 N + と相まって

ヨガは健康ブームと相まって人気が高まっている。

요가는 건강 붐과 겹쳐서 인기가 높아지고 있다.

学校教育は家庭教育と相まってこそ、効果がある。

학교에서의 교육은 가정교육과 병행되어야 효과가 있다.

72. ~に即して ~에 따라

의미 '~에 맞춰', '~에 부합하도록' 등 어떤 기준, 규칙에 따른다는 의미

접속 N + に即して

テーマに即して400字以上の文を書きなさい。

테마에 맞춰 400자 이상의 글을 쓰십시오.

運転する時は信号に即して走行、停止します。

운전할 때에는 신호에 따라 주행, 정지합니다.

73. ~にひきかえ ~인 반면

의미 '~은 ~한 것과 달리' 라는 뜻으로서 서로 상반되는 내용을 표현할 때 사용

접속 V·イA 보통형+の/ナA명사수식형+の/N + にひきかえ

同期は表彰をもらったのにひきかえ私はミスばかり。(동사)

동기는 표창을 받았는데 받았는데 그와 달리 나는 실수투성이.

姉は賢いのにひきかえ私はとても頭が悪い。(イ형용사)

언니는 똑똑한 것과 달리 나는 매우 머리가 나쁘다.

今日は昼間にひきかえ朝晩は結構寒かった。(명사)

오늘은 낮과 달리 아침저녁은 꽤 추웠다.

74. ~だに ~하기만 해도

의미 ① '하는 것만으로도', '~할 때마다' ② 앞에 명사가 오면 '~조차'

접속 V사전형/N + だに

自分の子供を殺すって、聞くだに恐ろしい。(동사)

자신의 아이를 죽이다니 듣기만 해도 무섭다. (의미①)

私を騙した友達のことを思い出すだに腹が立つ。(동사)

나를 속인 친구를 떠올릴 때마다 화가 난다. (의미①)

私が宝くじに当たるなんて、想像だにしなかった。(명사)

내가 복권에 당첨되다니, 상상조차 하지 못했다. (의미②)

75. ~なりに ~나름대로

의미 '~なりの + 명사'의 형태로도 자주 쓰이며 이 경우에는 '~나름의'라고 번역됨

접속 N + なりに

学生は学生なりに社会人は社会人なりに悩みがある。

학생은 학생 나름대로 사회인은 사회인 나름대로 고민이 있다.

私なりに調べてみましたが、はっきりとは分かりません。

저 나름대로 조사해 봤습니다만, 확실히는 모르겠습니다.

子供は本を読むと自分なりの考えで理解するらしい。

아이는 책을 읽으면 자기 나름의 생각으로 이해한다고 한다.

03. 다양한 표현들, 어휘력 늘리기

76. ~ならではの ~만의

의미 그것만이 가진 특유의 속성, 특징을 강조하는 표현

접속 N + ならではの

誰にもその人ならではの魅力がある。

누구에게든 그 사람만의 매력이 있다.

お金持ちは金持ちならではの大変さがあるようだ。

부자는 부자 나름의 어려움이 있는 듯하다.

77. ~たる ~라는 사람이

의미 '명색이 ~라는 사람이'라고 번역되기도 하며 ~ともあろう도 같은 의미

접속 N + たる

警察たる者が賭博をするなんて、最低だ。

경찰이라는 사람이 도박을 하다니 최악이다.

教師たる者は学生に嘘をつけてはならない。

교사라는 사람은 학생에게 거짓말을 하면 안 된다.

78. ~ともなると ~정도가 되면

의미 '~쯤 되고 나면 ~하다'라는 형태로 주로 쓰이며 ~ともなれば도 같은 뜻

접속 N + ともなると

子供は中学生ともなると、親から離れ始める。

아이는 중학생쯤 되면 부모에게서 멀어지기 시작한다.

9月ともなると山の木々は色づき始める。

9월쯤 되면 산의 나무들은 물들기 시작한다.

79. ～にもまして ～보다도 더

의미 '～보다 한층 더 ～한'이라는 뜻으로서 양측을 비교해서 말하는 표현

접속 N + にもまして

久しぶりに会った友達は以前にもまして痩せていた。

오랜만에 만난 친구는 이전보다도 더 말라 있었다.

仕事にもまして大変なのは人間関係だ。

일보다도 더 힘든 것은 사람 관계다.

うちの次長はいつも誰にもまして早く出社している。

우리 차장님은 언제나 누구보다도 더 일찍 출근해 있다.

80. ～て何よりだ ～해서 최고로 좋다

의미 '～해서 정말 마음에 든다', '～이 무엇보다 좋다' 등 매우 만족스러운 기분

접속 Vて형/イAくて/ナAで/Nで + 何よりだ

長い旅から無事に帰ってきて何よりだ。(동사)

긴 여행에서 무사히 돌아와서 정말 다행이다.

家族みんな元気そうで何よりだ。(ナ형용사)

가족 모두 건강한 것 같아서 가장 좋다.

今回プロジェクトのパートナーがあなたで何よりだ。(명사)

이번에 프로젝트의 파트너가 너라서 정말 좋다.

81. ～とは驚きだ ～하다니 놀랍다

의미 전혀 예상하지 못했던 결과가 나왔을 때의 놀람, 감탄의 느낌을 표현

접속 V・イA・ナA・N 보통형 + とは驚きだ

かいがいりょこう　ぐうぜんともだち　あ
海外旅行で偶然友達と会ったとは驚きだ。(동사)

해외여행에서 친구와 우연히 만났다니 놀랍다.

ちい　　　　　　　　　　　　　　たか
小さいカバンがこんなに高いとは驚きだ。(イ형용사)

작은 가방이 이렇게 비싸다니 놀랍다.

じょうしきし　　　　　　　　　　けいかん
あんなに常識知らずの人が警官だとは驚きだ。(명사)

저렇게 몰상식한 사람이 경찰관이라니 놀랍다.

82. ~始末だ　결국 ~하는 꼴이 되다
しまつ

의미 '~라는 안 좋은 결과가 되었다' 라는 뜻으로서 부정적인 결말을 표현

접속 V사전형 + (という) + 始末だ

しゃっきん　　　　　　とうし　はし　　　　　　　　　　は さん
借金までして投資に走っていた彼は破産する始末だ。

대출까지 해서 투자에 몰두했던 그는 결국 파산하게 되었다.

けっきん　ちこく　　　　つづ　　　　　　　くび
欠勤や遅刻をし続けた彼は首になるという始末だ。

결근과 지각을 계속하던 그는 결국 해고당하는 꼴이 되었다.

83. ~ずじまいだ　~하지 못한 채 끝나다

의미 하려고 했던 일을 어떤 이유로 하지 못했을 때의 자책, 아쉬움을 표현

접속 Vない형 + ずじまいだ (단, する→せずじまい, 来る→来ずじまい)
く　こ

ふたり　あ　　　　　　　　　こくはく　でき
やっと彼女と二人で会えたが、告白も出来ずじまいだ。

드디어 그녀와 둘이 만나게 되었지만 고백도 못한 채 끝났다.

しんゆう　いっかい　あ
今年は忙しくて親友と一回も会えずじまいだ。

올해는 바빠서 친한 친구와 한번도 못 만나고 지나갔다.

84. ~手前 ~한 이상은

의미 체면, 양심 등으로 인해 '~하지 않을 수 없다' 라는 자신의 생각을 전달

접속 V사전형/Vた형/Nの + 手前

「禁煙する」と宣言した手前、辞めないわけにはいかない。

'금연하겠다'라고 선언한 이상 끊지 않을 수가 없다. (동사)

先輩の手前、「お金を貸してほしい」とは言えない。

선배의 체면상 "돈 빌려줘"라는 말은 할 수 없다. (명사)

85. ~たら ~たで ~하면 ~한 대로

의미 ~하면 그때에는 그 나름대로 또 다른 할 일, 해결책 등이 있음을 표현

접속 (Vた형/イA과거형/ナAな) + ら + (Vた형/イA과거형/ナA어간) + で

失敗したら失敗したで、ほかの道を探せばいい。

실패하면 실패한 대로, 다른 방법을 찾으면 된다. (동사)

食べ物は安かったら安かったでなんか不安にもなる。

음식은 싸면 싼대로 어쩐지 불안해지기도 한다. (イ형용사)

仕事で忙しい時は疲れるけど、暇なら暇でつまらない。

일 때문에 바쁠 때는 피곤하지만 한가하면 또 심심하다. (ナ형용사)

86. ~ぐらい(くらい)なら ~할 바에야

의미 '~할 정도라면 차라리 ~하는 게 낫다'라는 자신의 생각을 전달

접속 V사전형 + くらい(ぐらい)なら

あんな人と結婚するくらいなら独身のほうがましだ。

저런 사람과 결혼하느니 혼자 사는 게 차라리 낫다.

03. 다양한 표현들, 어휘력 늘리기

途中で辞める<u>ぐらいなら</u>始めないほうがいい。

도중에 포기할 바에야 시작하지 않는 편이 낫다.

87. ~ならいざ知らず ~라면 어떨까 몰라도

의미 '~라면 혹시 ~할 수 있을지 모르겠지만'이라는 주관적 의견, 생각을 표현

접속 V사전형/Vない형/N + ならいざ知らず

国内で行く<u>ならいざ知らず</u>海外に一人で行くのは少し怖い。

국내에서 가는 것이라면 모를까 해외에 혼자 가는 것은 조금 무섭다. (V사전형)

出来ない<u>ならいざ知らず</u>出来るのにやってくれない。

할 줄 모른다면 모를까 할 수 있는데 해주지 않는다. (Vない형)

1回<u>ならいざ知らず</u>何回も断れたら諦めるでしょう。

한 번이라면 모를까 몇 번이나 거절당하면 포기하지요. (명사)

88. ~ほうがましだ ~가 차라리 낫다

의미 '양쪽 모두 좋지 않지만 굳이 하나를 고르라면 ~가 낫다'라는 생각을 전달

접속 Vた형/Nの + ほうがましだ

あんな常識知らずの人には嫌われた<u>ほうがましだ</u>。

그런 몰상식한 사람에게는 미움받는 게 차라리 낫다. (동사)

毎日忙しい。でも、昨日よりは今日の<u>ほうがましだ</u>。

매일 바쁘다. 하지만 어제보다는 오늘이 낫다. (명사)

89. ~に難_{かた}くない ~하고도 남는다

의미 '~하기 어렵지 않다', '충분히 ~할 수 있다' 라는 주관적인 판단을 표현

접속 V사전형/N + に難くない

事故_{じこ}で子供_こを亡_なくした親_{おや}の悲_{かな}しみは察_{さっ}する**に難くない**。

사고로 아이를 잃은 부모의 슬픔은 충분히 이해된다. (동사)

就職_{しゅうしょく}が出来_{でき}ない若者_{わかもの}の辛_{つら}さは理解_{りかい}**に難くない**。

취직이 안 되는 젊은 세대의 고달픔은 이해하고도 남는다. (명사)

90. ~て(は)かなわない ~하면 곤란하다

의미 '~하면 속상하다', '~하면 견딜 수 없다'라는 부정적 감정을 표현

접속 Vて형/イAくて/ナAで/Nで + (は)かなわない

舞台_{ぶたい}でミスをし**てはかなわない**からもう一回練習_{いっかいれんしゅう}しよう。

무대에서 실수하면 곤란하니까 한 번 더 연습하자. (동사)

家_{いえ}の中_{なか}がこんなに寒_{さむ}く**てはかなわない**。

집 안이 이렇게 추워서는 견디기 힘들다. (イ형용사)

いくら給料_{きゅうりょう}が高_{たか}いといっても毎日残業_{まいにちざんぎょう}**ではかなわない**。

아무리 월급이 많다고 해도 매일 야근이면 곤란하다. (명사)

91. ~にもほどがある ~에도 정도가 있다

의미 ~하는 것에도 한계가 있다는 뜻으로서 충고나 경고할 때 자주 사용

접속 V사전형/Vない형/イAい/ナA어간/N + にもほどがある

道端_{みちばた}で寝_ねちゃうなんて、酒_{さけ}を飲_のむ**にもほどがある**。

길바닥에서 자버리다니, 술을 마시는 것에도 정도가 있어. (동사)

03. 다양한 표현들, 어휘력 늘리기

いつも奢ってもらうなんて、図々しい<mark>にもほどがある</mark>。

언제나 얻어먹기만 하다니, 뻔뻔스러운 것도 정도가 있다. (イ형용사)

冗談<mark>にもほどがある</mark>よ。いい加減にして。

농담에도 정도가 있어. 적당히 해. (명사)

92. ~嫌いがある ~경향이 있다

의미 쉽게(너무) ~하는 부정적인 기질, 성향이 있다. 비난에 주로 사용

접속 V사전형/Vない형/Nの + 嫌いがある

彼はどんなことに対しても批判的に言う<mark>嫌いがある</mark>。

그는 어떤 일에 대해서도 비판적으로 말하는 경향이 있다. (V사전형)

現代社会は物も人も大事にしない<mark>嫌いがある</mark>。

현대사회는 물건도 사람도 소중히 여기지 않는 경향이 있다. (Vない형)

韓国も日本も学歴重視の<mark>嫌いがある</mark>と批判される。

한국도 일본도 학력중시의 경향이 있다고 비판받는다. (명사)

93. ~きりがない ~(하면) 끝이 없다

의미 '~하기 시작하면 끝도 없다'라고 번역하기도 하며 수없이 많다는 뜻

접속 Vば형/Vたら형/Vと형 + きりがない

彼女のいいところを挙げれば<mark>きりがない</mark>。(Vば형)

그녀의 좋은 점을 말하자면 끝이 없다.

お金に欲を出したら<mark>きりがない</mark>でしょう。(Vたら형)

돈에 욕심을 부리면 끝이 없지요.

悩みを言い出すと<mark>きりがない</mark>。一番は借金のことだ。

고민을 말하기 시작하면 끝이 없다. 가장 큰 것은 빚이다. (Vと형)

03. 다양한 표현들, 어휘력 늘리기

94. ~べく ~를 위하여

의미 '~하고자', '~하려고 생각해서' 라는 뜻으로서 목적을 말하는 문어체 표현

접속 V사전형 + べく(단, する는 するべく, すべく 모두 가능)

彼は溺れた子供を助けるべく、海に飛び込んだ。

그는 물에 빠진 아이를 구하기 위해 바다에 뛰어들었다.

インフルエンザを予防するべく、毎日マスクをしている。

인플루엔자를 예방하기 위해 매일 마스크를 하고 있다.

95. ~んがため ~하기 위하여

의미 강한 의지를 갖고 노력하는 '목적'을 표현하는 딱딱한 표현

접속 Vない형 + んがため (단, する → せんがため)

動物は生きんがため、他の動物を殺すこともある。

동물은 살기 위하여 다른 동물을 죽이기도 한다.

手術を受けた彼女は回復せんがため、頑張っている。

수술을 받은 그녀는 회복하기 위해 노력하고 있다.

夢を叶えんがためのことならなんでもやる。

꿈을 이루기 위한 일이라면 무엇이든 할 것이다.

96. ~まいとして 절대 ~하지 않으려고

의미 절대로 ~하지 않도록 하겠다는 강한 자신의 의지, 결심을 표현

접속 V사전형 + まいとして (단, 2그룹 동사는 ます형도 사용)

(する는 するまい와 しまい, 来る는 来るまい와 来(こ)まい 모두 사용)

これからは親に頼るまいとしてバイトを始めた。

이제부터는 부모님께 기대지 않으려고 아르바이트를 시작했다.

忘れまいとしてメモをしたが、メモした紙が見つからない。

잊지 않으려고 메모를 했는데 메모한 종이가 보이지 않는다.

同じミスはするまいとして順番をメモしておいた。

같은 실수는 절대 하지 않고자 순서를 메모해 두었다.

97. ~(よ)うが~まいが ~하든 안 하든

의미 '~하든 안 하든 결과는 똑같다'. ~ようと~まいと도 같은 뜻으로 사용

접속 V의지형 + が + V사전형 + まいが

明日は雨が降ろうが降るまいが遊びに行くつもりだ。

내일은 비가 오든 오지 않든 놀러 갈 생각이다.

彼は居ようが居るまいがあまり目立たない。

그는 있든 없든 별로 티가 나지 않는다.

来ようが来るまいが、連絡はください。

오든 안 오든 연락은 주세요.

235

Chapter 6.

존경어·겸양어 표현

01. 일본어의 겸양어·정중어·존경어

겸양어	한국어에서 윗사람에게 무언가를 줄 때는 '드린다'라는 동사를 쓰는 것처럼 자기 자신을 낮추는 표현
정중어	주로 자신과 같은 지위이거나 가깝지 않은 사람에게 쓰는 일반적인 존댓말. 가장 약한 수준의 존대 표현으로서 ~ます, ~です 문체가 정중어에 해당
존경어	한국어에서 윗사람이 무언가를 먹을 때 '드시다'라는 동사를 쓰는 것처럼 윗사람의 행동을 높여서 표현
미화어	존경, 겸양의 의미로 명사 앞에 붙이는 お 혹은 ご를 의미. 고유 일본어 앞에는 お, 한자어 앞에는 ご를 붙이는 것이 원칙 - 고유어(훈독으로 읽는 말) : 話、住まい→お話、お住まい - 한자어(음독으로 읽는 말) : 連絡、両→ご連絡、ご両親 * 자주 쓰는 단어의 경우 예외가 다수 존재 ① 예외적인 お 사용 : お電話(전화)、お返事(답장)、お散歩(산책) 등 ② 하나의 단어처럼 사용 : ご飯(밥, 식사)、お茶(차)、お弁当(도시락) 등

[겸양어를 사용하는 대상]

나와 상대방의 1대 1 관계에서 나이, 직급에 따라 겸양어, 존경어를 사용하는 것은 한국과 같지만, 일본에서는 외부 사람에게 본인뿐만 아니라 자신이 속한 단체, 혹은 그에 속한 사람에 관해 이야기할 때에도 겸양어를 사용합니다.

예를 들어, 외부 사람에게 본인이 속한 회사의 사장을 소개할 때는 존칭인 ~さん을 붙이지 않고 이름만 말하며(こちらは社長の田中です 이쪽은 사장인 다나카입니다) 거래처 사람에게 자신이 아닌 '저희 직원이 찾아뵐 예정입니다'라는 말을 할 때도 伺います와 같은 겸양어를 사용해 낮춰서 표현합니다.

01. ~れる/られる ~하시다

의미 동사 수동형을 이용해 상대의 행동을 높여서 표현

활용 V수동형

夏休みはゆっくり休まれましたか。

여름휴가는 편안히 쉬셨습니까?

部長、鈴木さんの報告書は読まれましたか。

부장님, 스즈키씨의 보고서는 읽으셨습니까?

今回、昇進されましたよね。おめでとうございます。

이번에 승진하셨네요. 축하드립니다.

02. お/ご~になる ~하시다

의미 훈독(飲む, 読む 등) 앞에는 お, 음독(発表, 外出 등) 앞에는 ご

접속 お/ご + Vます형/동작성 명사 + になる

今日は何時くらいにお帰りになりますか。(동사)

오늘은 몇 시쯤 들어가십니까?

詳しくはメールでお聞きになってください。(동사)

상세한 내용은 메일로 문의해 주시기 바랍니다.

今日の会議、ご出席になりますか。(명사)

오늘 회의에 참석하십니까?

03. お~です ~하고 계십니다

의미 ~ている를 정중하게 표현하는 경어

활용 お/ご + Vます형 + です

1時間前からお客さんがお待ちです。

1시간 전부터 손님이 기다리고 계십니다.

普段はどのような本をお読みですか。

평소에는 어떤 책을 읽으십니까?

申込書と身分証はお持ちですか。

신청서와 신분증은 가지고 계십니까?

04. お/ご~くださる ~해 주시다

의미 상대방이 무언가 해주는 것을 높여서 표현.

くださる의 ます형은 くださいます. '~해 주세요'는 ~ください

접속 お/ご + Vます형/동작성 명사 + くださる

こちらで少々お待ちください。(동사)

이쪽에서 잠시만 기다려 주십시오.

工事中です。足元にお気をつけください。(동사)

공사 중입니다. 발밑을 조심해 주십시오.

ご連絡くださいまして、ありがとうございます。(명사)

연락해 주셔서 감사드립니다.

05. ~てください ~해 주세요

의미 윗사람, 고객 등에게 무언가를 해달라는 정중한 부탁, 요청의 표현

접속 Vて형 + ください (부정 : Vない형 + ないでください)

ここでちょっと待ってください。

여기서 잠시만 기다려 주세요.

こちらに住所を書いてください。

이쪽에 주소를 써 주세요.

タバコを吸わないでください。

담배를 피우지 말아 주십시오.

06. ~させてください ~하게 해 주세요

의미 '~하도록 시켜 주십시오', 즉 '~하게 해 주십시오'라는 매우 정중한 부탁

접속 V사역형의 て형 + ください

ちょっと座らせてください。

잠시 앉게 해 주세요.

明日は私を行かせてください。

내일은 저를 보내 주십시오.

今回の発表は私にさせてください。

이번 발표는 저에게 시켜 주세요.

03. 겸양어 (자신의 행동을 낮춰서 표현)

07. お/ご~する ~하다

의미 자신의 행동을 낮춰 표현하는 가벼운 수준의 겸양어

접속 お/ご + Vます형/동작성 명사 + する

資料は明日まで<ruby>お送<rt>おく</rt></ruby>りします。(동사)

자료는 내일까지 보내겠습니다.

<ruby>昨日<rt>か</rt></ruby>お借りした本はとても<ruby>役立<rt>やく だ</rt></ruby>ちました。(동사)

어제 빌린 책은 매우 도움이 되었습니다.

その<ruby>件<rt>けん</rt></ruby>については私が<ruby>ご説明<rt>せつめい</rt></ruby>します。(명사)

그 건에 대해서는 제가 설명하겠습니다.

08. お/ご~いたす ~하다

의미 する의 겸양어인 いたす(致す)를 사용해 더 정중하게 표현

접속 お/ご + Vます형/동작성 명사 + いたす

今年もよろしく<ruby>お願<rt>ねが</rt></ruby>いいたします。(동사)

올해도 잘 부탁드립니다.

<ruby>商品<rt>しょうひん</rt></ruby>は<ruby>宅配便<rt>たくはいびん</rt></ruby>でお送りいたします。(동사)

상품은 택배로 보내드리겠습니다.

<ruby>先日<rt>せんじつ</rt></ruby>ご<ruby>連絡<rt>れんらく</rt></ruby>いたしましたキムミンヒです。(명사)

지난번에 연락 드렸던 김민희입니다.

03. 겸양어 (자신의 행동을 낮춰서 표현)

09. ~ていただく (상대방이) ~해 주시다

의미 ~てもらう의 겸양 표현으로서 상대에 대한 감사, 미안함의 마음이 담겨

있음. 직역하면 '~에게 ~해줌을 받다'이지만 한국어로는 '~가 내게 ~해

주시다'가 자연스러움

접속 Vて형 + いただく

先生に本を貸していただきました。

선생님께서 책을 빌려주셨습니다. (직역 : 빌려줌을 받았습니다)

少し教えていただきたいことがありますが…

조금 가르쳐 주셨으면 하는 것이 있습니다만… (직역 : 가르침을 받고 싶은)

帰りの時、先輩の車に乗せていただきました。

돌아올 때, 선배가 차를 태워 주셨습니다. (직역 : 태워줌을 받았습니다)

10. ~させていただく ~하겠습니다

의미 직역하면 '~시키심을 받겠습니다'로서 발표 등에서 자주 사용하는 가장

정중한 겸양어

접속 V사역형 + いただく

私用のため、明日は休ませていただきます。

개인적인 사정으로 내일은 쉬겠습니다. (직역 : 쉬게 하심을 받겠습니다)

新しい事業について発表させていただきます。

새로운 사업에 대해 발표 드리겠습니다. (직역 : 발표시키심을 받겠습니다)

では、会議を始めさせていただきます

그럼, 회의를 시작하도록 하겠습니다. (직역 : 시작시키심을 받겠습니다)

04. 존경어/겸양어로서 별도의 단어를 쓰는 동사

사전형	겸양어	정중어	존경어
いる	おります	います	いらっしゃいます
行く	まいります	行きます	いらっしゃいます
来る	伺います	来ます	
する	致す やります	します	なさいます
言う	申します 申し上げます	言います	おっしゃいます
見る	拝見します	見る	ご覧になります
食べる		食べます	召し上がります
飲む	いただきます	飲みます	
もらう		もらいます	X
あげる	差し上げます	あげます	X
知っている	存じ上げています	知っています	ご存知です

伺います(사전형 伺う)는 묻다(聞く), 만나다(会う), 만나러 가다(会いに行く)의 겸양어로도 사용

단어는 다음과 같은 히라가나의 순서대로 정리되어 있습니다.

あ·い·う·え·お → か·き·く·け·こ → さ·し·す·せ·そ → た·ち·つ·て·と → な·に·
ぬ·ね·の → は·ひ·ふ·へ·ほ → ま·み·む·め·も → や·ゆ·よ → ら·り·る·れ·ろ →
わ·を·ん

き・ぎ

く～け

こ

ご

た

だ

ち

つ

て

わ

を

ん